Finanzmarkt Wörterbuch

Duden

Finanzmarkt Wörterbuch

Für Bankkunden, Anleger und Versicherungsnehmer

Dudenverlag
Mannheim · Leipzig · Wien · Zürich

Redaktion Dr. Jürgen Hess, Heike Pfersdorff M. A.
Typografie Horst Bachmann
Umschlaggestaltung WohlgemuthPartners Neue Kommunikation, Bremen
Herstellung Constanze Sonntag

Bibliografische Information der Deutschen Nationalbibliothek
Die Deutsche Nationalbibliothek verzeichnet diese Publikation in der Deutschen Nationalbibliografie; detaillierte bibliografische Daten sind im Internet über http://dnb.ddb.de abrufbar.

Umschlagabbildungen Europäische Zentralbank, Frankfurt am Main: 5-Euro-Banknote; MEV Verlag, Augsburg: Börsenszene/Makler; picture-alliance/dpa, Frankfurt am Main: DAX-Kurve/Anzeigetafel

Satz Bibliographisches Institut & F. A. Brockhaus AG, Mannheim
Druck und Bindearbeit CPI books GmbH, Leck
Printed in Germany
ISBN 978-3-411-74001-7

www.duden.de

Abfindung, einmalige (Geld-)Leistung zur Ablösung von Rechtsansprüchen. Bei einer Übernahme einer AG durch eine andere zu mindestens 95% ist die kaufende Gesellschaft zur Zahlung einer angemessenen Abfindung an die freien Aktionäre verpflichtet. Dies kann durch einen Aktientausch oder durch eine Barabfindung geschehen.

Abgeld, → Disagio.

Abgeltungsteuer, Steuer auf Kapitalerträge und Erlöse aus Wertpapierverkäufen, die in Deutschland seit dem 1. 1. 2009 die bisherige → Kapitalertragsteuer ersetzt.

Die Abgeltungsteuer mit einem Steuersatz von 25% zuzüglich Solidaritätszuschlag (und eventuell Kirchensteuer) wird pauschal auf alle Kapitaleinkünfte über einem **Freibetrag** von 801 Euro (bzw. 1602 Euro für Verheiratete) erhoben, unabhängig von den sonstigen Einkünften des Anlegers. Sie wird von der konto- oder depotführenden Bank direkt an das Finanzamt des Anlegers abgeführt; damit ist die Einkommensteuer auf seine Kapitaleinkünfte abgegolten. Anleger mit einem persönlichen Steuersatz von unter 25% können die zu viel bezahlte Abgeltungsteuer jedoch bei der Einkommensteuererklärung geltend machen.

Neben Zinsen und Dividenden unterliegen seit 2009 auch alle Veräußerungsgewinne von nach 2008 gekauften Aktien und Wertpapieren der Abgeltungsteuer; die Spekulationsfrist von einem Jahr wurde abgeschafft. Der Veräußerungsgewinn wird als Differenz aus Verkaufs- und Kaufpreis abzüglich der Transaktionskosten für Kauf und Verkauf ermittelt. (→ auch Spekulationsgewinne)

Abkürzungsversicherung, Lebensversicherung, bei der die Überschussanteile zur Abkürzung der Versicherungsdauer und nicht zur Erhöhung der Versicherungsleistung verwendet werden.

Abschlag, Kursdifferenz, um die die Notierung einer Aktie an der Börse unmittelbar nach der Zahlung der Dividende oder dem Abgang eines Bezugsrechts auf junge Aktien niedriger liegt.

Abschlussgebühr, bei **Bausparverträgen** von den **Bausparkassen** erhobene Gebühr zur Deckung der Betriebskosten in Höhe von etwa 1% der Bausparsumme, die bei Vertragsabschluss fällig wird.

Abschreibung, rechnerische Erfassung von Wertminderungen betrieblicher Vermögensgegenstände entweder durch Herabsetzung des Werts des abzuschreibenden Gegenstandes auf der Aktivseite der Bilanz **(direkte Abschreibung)** oder durch Ansatz eines Wertberichtigungsbetrags auf der Passivseite **(indirekte Abschreibung)**. Abschreibungen sind Aufwand im Rahmen der Erfolgsrechnung und Kosten im Rahmen der Kosten- und Ergebnisrechnung.

Abtretung, auch **Zession,** Übertragung von Rechten durch ein Rechtsgeschäft, z. B. Forderungsabtretung (Forderungsübergang), Abtretung des Herausgabeanspruchs.

Abzinsung, auch **Diskontierung,** Methode zur Ermittlung des Gegenwartswertes (Barwert) einer Anlage durch Einbeziehung aller zukünftigen Zahlungen. So werden Wertpapiere mit unterschiedlicher Laufzeit und Struktur der Zins- und Tilgungszahlungen miteinander vergleichbar. Dazu wird für die zukünftigen

Zahlungsströme jeweils ein sog. Abzinsungs- bzw. **Diskontierungsfaktor** berechnet.

Abzinsungspapiere sind Wertpapiere – z. B. bestimmte Formen von Sparbriefen und Bundesschatzbriefen –, bei denen der Anleger den für die gesamte Laufzeit vereinbarten Zins von vornherein vom Erwerbspreis abziehen kann (→Zerobond).

Ad-hoc-Publizität, Verpflichtung eines börsennotierten Emittenten des regulierten Markts, Ereignisse sofort publik zu machen, wenn sie im Tätigkeitsbereich des Emittenten auftreten, bisher nicht öffentlich bekannt sind, wegen ihrer Auswirkung auf die Vermögens- oder Finanzlage oder den allgemeinen Geschäftsverlauf des Emittenten aber geeignet sind, den Börsenpreis der Unternehmensaktie erheblich zu beeinflussen.

Agio ['a:dʒo], *das,* auch **Aufgeld,** Differenz zwischen dem Nennwert eines Wertpapiers und dem tatsächlich zu zahlenden, höheren Kurs. Meist wird das Aufgeld als Prozentwert ausgedrückt. Das Gegenstück zum Agio ist das →Disagio.

Akkreditiv, Auftrag eines Kunden an seine Bank, ihm oder einem Dritten unter bestimmten Bedingungen einen bestimmten Geldbetrag auszuzahlen. Nach der Art der Bedingungen unterscheidet man das **Barakkreditiv** und das **Dokumentenakkreditiv.**

Aktie, Anteil am Grundkapital einer Aktiengesellschaft (AG) und die Urkunde darüber, die dem Inhaber seine Rechte (Stimmrecht in der Hauptversammlung, Recht auf Dividende) verbrieft. In Abhängigkeit von der Übertragbarkeit unterscheidet man zwischen Inhaberaktie (→Inhaberpapier), wenn das in ihr verbriefte Mitgliedschaftsrecht vom jeweiligen Inhaber der Aktie geltend gemacht werden kann, und →Namensaktie, wenn in ihr eine bestimmte Person als Berechtigte bezeichnet ist, die im Aktienbuch der AG einzutragen ist.

Die Inhaber der Aktien haben aufgrund ihrer Kapitalbeteiligung an der AG Vermögensrechte und Mitverwaltungsrechte. Aktien, die die typischen Aktienrechte verbriefen, heißen →Stammaktien. Im Unterschied dazu verbriefen →Vorzugsaktien Vorrechte. In der Ausgestaltung liegen diese besonders bei einer Bevorzugung in der Gewinnverteilung, jedoch kann als Kompensation ihr Stimmrecht ausgeschlossen werden.

Aktien können als Nennbetrags- oder Stückaktien begründet werden. Der Nennbetrag einer Aktie liegt bei einem Euro (Mindestnennwert) oder einem Vielfachen davon. Nennwertlose →Stückaktien (→Quotenaktien) lauten auf einen bestimmten Anteil am Kapital einer AG.

Aktienanalyse, Versuch, den Verlauf von Kursen zu prognostizieren. Sie kann prinzipiell auf zwei Arten erfolgen:

Bei der **Fundamentalanalyse** wird eine AG durch eine Reihe von Kennzahlen bewertet. Wichtigste Größen sind hierbei die Profitabilität bzw. die Erträge, die Finanzkraft (das Verhältnis von Cashflow zu Zinsaufwendungen etc.), das Kurs-Gewinn-Verhältnis (KGV, englisch Price-Earnings Ratio), die Wachstumschancen und allgemeine konjunkturelle sowie fiskalpolitische Rahmenbedingungen.

Bei der **technischen Aktienanalyse** orientieren sich die sog. Chartisten **(Chartanalyse)** an der grafischen Darstellung von historischen Kursverläufen und leiten aufgrund von Indikatoren und charttypischen Formationen Aussagen über mögliche Kursentwicklungen für die Zukunft ab.

Aktiengesellschaft, Abkürzung **AG,** Kapitalgesellschaft mit eigener Rechtspersönlichkeit, deren Gesellschafter (Aktionäre, Anteilseigner) mit Einlagen auf das in Aktien zerlegte Grundkapital beteiligt sind. Eine Haftung der Aktionäre ist auf die Höhe der Einlage beschränkt, d. h., es besteht keine persönliche Haftung. Bei der Gründung einer AG muss ihr Grundkapital mindestens 50 000 Euro betragen.

Die AG hat drei Organe: Vorstand, Aufsichtsrat und Hauptversammlung. Die **Hauptversammlung** ist das Organ der Anteilseigner: In ihr sind alle Gesellschafter und Aktionäre vertreten. Sie hat jährlich den Rechenschaftsbericht von Vorstand und Aufsichtsrat entgegenzunehmen und beschließt über die Entlastung der Mitglieder dieser beiden Organe sowie über die Gewinnverwendung (Höhe der Dividende). Die Aktionäre entscheiden bei Hauptversammlungen über weitere wichtige unternehmensrelevante Fragen wie etwaige Kapitalerhöhungen, Fusionen usw. Die Aktionäre bestimmen die Besetzung des **Aufsichtsrats,** der wiederum den Vorstand bestellt. Der **Vorstand** hat die AG unter eigener Verantwortung zu leiten und sie gerichtlich und außergerichtlich zu vertreten. An Weisungen der Hauptversammlung oder des Aufsichtsrats ist der Vorstand nicht gebunden; seine vorzeitige Abberufung durch den Aufsichtsrat ist nur aus wichtigem Grund möglich.

Aktienindex, Kennzahl für die Kursentwicklung des Aktienmarkts insgesamt und/oder einzelner Aktiengruppen. Die Indizes beziehen sich jeweils auf einen bestimmten zurückliegenden Zeitpunkt, das sog. Basisjahr, wobei der Wert in der Regel gleich 100 gesetzt wurde. Aktienindizes gibt es als **Kursindizes** und als

→Performance-Indizes, die über die Kurse hinaus noch Dividendenzahlungen berücksichtigen und somit die durch Ausschüttung eintretenden Kursabschläge korrigieren.

Aktienoption, Erwerb des Rechts, eine bestimmte Anzahl von Aktien zu einem fest definierten Preis innerhalb einer bestimmten Frist (→Laufzeit) zu kaufen.

Aktiensplit, Veränderung der Anzahl der Aktien, die auf das Grundkapital ausgegeben werden. Er soll den Kurs der Aktie verkleinern, um das Wertpapier leichter handelbar zu machen.

Akzeptkredit, Wechselkredit, bei dem ein Kreditinstitut einen →Wechsel von meist dreimonatiger Laufzeit annimmt, den ein Kunde von erster Bonität mit Einverständnis des Instituts auf dieses gezogen hat.

alternative Handelssysteme, Alternative Trading Systems [ɔːlˈtɛːnətɪv ˈtrɛɪdɪŋ ˈsɪstəms], Abkürzung **ATS,** Oberbegriff für verschiedene außerbörsliche, computergestützte Handelsplattformen (z. B. Nasdaq Europe oder VirtX), auf denen Wertpaviertransaktionen direkt zwischen Banken und/oder Maklern abgewickelt werden; Träger sind in der Regel international tätige Groß- und Investmentbanken sowie Maklergesellschaften.

Altersversicherung, Altersvorsorge durch eine kapitalbildende Lebensversicherung oder eine private Rentenversicherung.

Altersvorsorge-Sondervermögen, Abkürzung **AS-Fonds,** 1998 durch Verabschiedung des 3. Finanzmarktförderungsgesetzes geschaffener Fondstyp, der in besonderer Weise der privaten Altersvorsorge dient.

American Stock Exchange [əˈmerɪkən stɔk ɪksˈtʃeɪndʒ], Abkürzung **AMEX,** Wertpapierbörse in New York besonders für kleinere

Unternehmen und Indexoptionen. An ihr werden v.a. die an der →New York Stock Exchange (NYSE) nicht zugelassenen Papiere gehandelt.

amtlicher Markt, →regulierter Markt.

Anleihen, Schuldverschreibungen mit bestimmter, fester oder variabler Verzinsung und fester Laufzeit sowie vertraglich fixierter Tilgung. Anleihen dienen der Beschaffung langfristiger Finanzierungsmittel in größerem Umfang am in- und ausländischen Kapitalmarkt gegen die Ausgabe von Schuldverschreibungen. Je nach Emittent sind verschiedene Anleihearten zu unterscheiden. **Öffentliche Anleihen** werden vom Bund und von Gebietskörperschaften aufgelegt. Während Anleihen des Bundes in der Regel längere Laufzeiten (meist zehn bis 15 Jahre) aufweisen, gelten Kassen- oder Bundesobligationen (Laufzeit fünf bis sechs Jahre) als mittelfristige Papiere und Schatzanweisungen (Laufzeit bis zu vier Jahre) als kurzfristige Titel. Neben den öffentlichen Anleihen gibt es die von Banken und öffentlich-rechtlichen Kreditinstitutionen emittierten **Bankanleihen** sowie die von großen Unternehmen begebenen **Industrieobligationen.**

Annuität, in gleichbleibender Höhe zu zahlender Betrag auf eine Kapitalschuld. Da hierin Zins und Tilgung enthalten sind, verringert sich der Zinsanteil im Laufe der Zeit bzw. es erhöht sich der Tilgungsanteil. Eine Annuität kann aber auch einen gleichbleibenden Tilgungsbetrag bezeichnen. Dann wird von **variabler Annuität** gesprochen.

Anzeigepflicht, bei Versicherungen Pflicht des Versicherungsnehmers, dem Versicherer bei Vertragsabschluss alle gefahrerheblichen Umstände, während der Laufzeit jede Gefahrerhöhung und bei Eintritt des Versicherungsfalles diesen Eintritt anzuzeigen (**Schadenanzeigepflicht**).

Arbitrage [-'tra:ʒə;], *die,* das Ausnutzen von Preisdifferenzen bei einem Wirtschaftsgut. Bei Wertpapieren profitiert der **Arbitrageur** von Preisunterschieden an verschiedenen Börsen, indem er an einer Stelle billig kauft und an anderer teurer verkauft. Im Währungssystem werden Kursunterschiede zwischen den Währungen an verschiedenen Devisenhandelsplätzen durch **Devisenarbitrage** ausgeglichen. Der internationale Kapitalverkehr wird durch **Zinsarbitrage** beeinflusst. Devisen- und Zinsarbitrage werden teilweise miteinander verknüpft, wenn Zinsunterschiede zwischen verschiedenen Ländern bzw. Währungen bestehen.

Assekuranz, → Versicherung.

Asset-backed Securities ['æsət-bækt sɪ'kjʊərətɪz], Abkürzung **ABS**, durch Aktiva (englisch **Asset**) gedeckte bzw. abgesicherte (englisch **backed**) Wertpapiere (englisch **Securities**). Als **Assetbacked-Finanzierung** wird eine spezielle Form der Unternehmensfinanzierung mithilfe des Verkaufs von Forderungen bezeichnet. Dabei werden Forderungen des Unternehmens an eine Finanzierungsgesellschaft verkauft, die speziell für diesen Zweck gegründet wird. Die Finanzierungsgesellschaft refinanziert sich durch Ausgabe von Wertpapieren wie z. B. Anleihen. Diese sind durch den erworbenen Forderungsbestand gedeckt.

ATS, Abkürzung für **A**lternative **T**rading **S**ystems, → alternative Handelssysteme.

Aufgeld, → Agio.

Aufzinsung, Ermittlung des Endwertes einer Anlage unter Berücksichtigung anfallender Zinsen und Zahlungen während des Anlagezeitraums. Die Beträge werden jeweils mit dem Aufzinsungsfaktor multipliziert, der neben den verbleibenden Anlagejahren bis zum Endzeitpunkt auch einen Kalkulationszinssatz – üblicherweise der Marktzinssatz – enthält. Ein **Aufzinsungspapier** ist eine Anleihe, die zum Nennwert emittiert wird, aber keine laufende Verzinsung bietet. Stattdessen werden Zinsen und Zinsen bei Fälligkeit neben dem Kapitalbetrag in einer Summe ausbezahlt. Im Gegensatz dazu → Abzinsung.

Ausbildungsversicherung, besondere Art der → kapitalbildenden Lebensversicherung zur Sicherung der Ausbildung von Kindern, deren Versicherungssumme zu einem festgelegten Termin (z. B. Beginn einer Ausbildung) ausgezahlt wird.

Ausgabeaufschlag, beim Erwerb von **Investmentanteilen** Differenz zwischen dem Ausgabepreis und dem Kurswert des Anteils, meist in Prozent auf der Basis des Anteilswerts berechnet. Der Ausgabeaufschlag dient zur Finanzierung der Vertriebs- und Verwaltungskosten.

Auslandsanleihen, in Deutschland emittierte Anleihen ausländischer Schuldner oder Anleihen inländischer Emittenten, die in ausländischer Währung ausgegeben werden.

Ausschüttung, Weitergabe von Gewinnen; sie umfasst **bei Aktien** neben der Dividende auch Bonifikationen, die Ausgabe von Gratisaktien sowie die anteilige Weitergabe von Liquidationserlösen. **Bei Investmentfonds** berechnet sich der Ausschüttungsbetrag aus den Erträgen des Fonds abzüglich aller Aufwendungen.

Aval, *der,* Wechsel- oder Scheckbürgschaft; sie wird erklärt, indem der Bürge **(Avalist)** seinen Namen mit auf den Wechsel oder Scheck setzt.

Avalkredit, Wechselkredit, bei dem die bezogene Bank eine Bürgschaft oder Garantie für Verbindlichkeiten des Kunden übernimmt (→Wechsel).

BaFin, →Abkürzung für **B**undes**a**nstalt für **Fin**anzdienstleistungsaufsicht.

Baisse ['bɛːs(ə)], *die,* starkes Sinken der Börsenkurse oder der Preise überhaupt; Gegensatz: →Hausse. Der **Baissier** (englisch **Bear)** spekuliert »à la baisse«, d. h. auf fallende Kurse.

Bankleitzahl, Abkürzung **BLZ**, 1970 eingeführte achtstellige Ziffer zur numerischen Kennzeichnung der Bankstellen (Kreditinstitute, Filialen, Zweigstellen) im bargeldlosen Zahlungsverkehr. Die BLZ wird von der Deutschen Bundesbank vergeben. Im Zuge der Internationalisierung werden seit 2002 zusätzlich auch die →internationale Bankidentifikation und die →internationale Kontonummer genutzt.

Bankschuldverschreibungen, von Banken emittierte festverzinsliche Wertpapiere. Die Gelder aus der Emission dienen den Banken zur Kreditfinanzierung. Zu der Gruppe der Bankschuldverschreibungen gehören insbesondere Pfandbriefe und Kommunalobligationen, Schuldverschreibungen von Sonderkreditinstituten, Kassenobligationen und sonstige Inhaberschuldverschreibungen.

Bär, Symbol für eine negative Börsenentwicklung. Bären sind Anleger, die auf eine negative Kursentwicklung eingestellt sind

(Baisse). Die betreffende Börse nennt man Bärenmarkt. (Gegensatz: →Bulle)

Barposition, Teil des Vermögens von Investmentfonds, der nicht in Wertpapieren oder Immobilien investiert ist. Sie besteht aus liquiden Mitteln, Geldmarktpapieren und Termineinlagen bei Banken und variiert je nach Börsenlage. Bestimmte Fonds sind gesetzlich verpflichtet, eine Barreserve zu halten.

Barreserve, Kassenbestände der Kreditinstitute und deren verfügbare Guthaben bei der Notenbank.

Barwert, Wert einer oder mehrerer zukünftig anfallenden positiven oder negativen Zahlungen. Er wird rechnerisch dadurch ermittelt, dass die in der Zukunft anfallenden Zahlungen auf den heutigen Wert abgezinst (→Abzinsung) und aufaddiert werden.

Basispreis, Preis, zu dem Optionsgeschäfte abgerechnet werden. Er definiert die Summe, die für die betreffenden Wertpapiere für den Fall der Nutzung der →Option zu zahlen ist. Der Basispreis wird neben dem Optionspreis und der Laufzeit bei Abschluss des Optionsgeschäftes vereinbart.

Baufinanzierung, Beschaffung und Einsatz der für Bauvorhaben erforderlichen Geldmittel. Dazu zählen Kapitalmarktmittel (Darlehen von Pfandbriefinstituten, Bausparkassen, Banken), Arbeitgeberdarlehen, öffentliche Mittel und Baukostenzuschüsse sowie Eigenkapital. Sie dient zur Deckung der Kosten des Baugrundstücks (Erwerbs- und Erschließungskosten) und der Baukosten.

Bauherrenmodell, Form der **Kapitalanlage im Wohnungsbau,** die durch Ausnutzung von Steuervorteilen überdurchschnittliche Kapitalerträge verspricht. Der Kapitalanleger errichtet als Bauherr Eigentumswohnungen zum Zweck der Vermietung; zur Durchführung des Bauvorhabens beauftragt er eine Baubetreuungsgesellschaft. Als Bauherr kann der Kapitalanleger einen Teil der Gesamtkosten (v. a. Geldbeschaffungskosten, Fremdkapitalzinsen, Vermittlungs- und Bearbeitungsgebühren) als Werbungskosten geltend machen, die seine einkommensteuerpflichtigen **Einkünfte aus Vermietung und Verpachtung** schmälern. Seit der verschärften Besteuerung von Verlustzuweisungsgesellschaften (1999) haben Bauherrenmodelle an Bedeutung verloren.

Bausparkassen, Kreditinstitute, deren Geschäftsbetrieb darauf gerichtet ist, Einlagen von Bausparern **(Bauspareinlagen)** entgegenzunehmen und aus den angesammelten Beträgen den Bausparern für wohnungswirtschaftliche Maßnahmen Gelddarlehen **(Bauspardarlehen)** zu gewähren (Bauspargeschäft). Das Bauspargeschäft darf nur von Bausparkassen betrieben werden, wobei den Bausparkassen nur vom Gesetz enumerierte Nebengeschäfte erlaubt sind. Mit Ausnahme bestehender Bausparkassen müssen private Bausparkassen seit 1973 in der Rechtsform der AG geführt werden. Die Rechtsform der öffentlich-rechtlichen Bausparkassen wird von den Ländern bestimmt.

Bausparvertrag, Vertrag zwischen der Bausparkasse und dem Bausparer über eine bestimmte Vertragssumme **(Bausparsumme)** zur Erlangung eines **Baudarlehens,** z. B. für Kauf, Bau und Modernisierung von Häusern und Wohnungen oder zum Erwerb von Bauland.

Die vereinbarte Bausparsumme besteht aus dem **Bauspardarlehen** (bis 80%, in der Regel 60% der Vertragssumme) und dem vom Bausparer aufzubringenden Sparguthaben (in der Regel 40% der Vertragssumme), das jährlich verzinst wird. Durch die Leistung von Sparbeiträgen erwirbt der Bausparer den Anspruch auf Gewährung eines vonseiten der Bausparkasse unkündbaren Bauspardarlehens, dessen Zinssatz über die gesamte Laufzeit konstant bleibt. Die Vertragssumme wird nach Ablauf der Mindestsparzeit (meist 18 Monate) und dem Erreichen des Mindestsparguthabens (Leistungszahl) zugeteilt. Das Darlehen einschließlich Zinsen muss in monatlichen Raten zurückgezahlt werden. Zur Bausparförderung wird eine an eine bestimmte Einkommensgrenze gebundene staatliche **Bausparprämie (Wohnungsbauprämie)** gewährt.

Beistandskredit, → Stand-by-Kredit.

Belegschaftsaktien, an Mitarbeiter einer AG meist zu Sonderkonditionen ausgegebene Aktien, deren Preis in der Regel deutlich unter dem aktuellen Börsenkurs liegt.

Beleihung, Krediteinräumung gegen Verpfändung eines Gegenstands oder Belastung eines Rechts, z. B. bei Immobilienkrediten (Aufnahme einer Hypothek auf ein Haus). Der Beleihungswert richtet sich nach dem jederzeit erzielbaren Erlös des Beleihungsobjektes.

Benchmark ['bentʃmaːk], *die,* Referenzwert, der als Vergleichsgröße für eigene Investments oder die Performance von Investmentfonds verwendet wird. Üblicherweise werden Benchmarks bei der Bestimmung der individuellen Anlageziele des Anlegers festgelegt.

Berichtigungsaktien, fälschlich auch **Gratisaktien,** Kapitalerhöhung aus Gesellschaftsmitteln. Der Aktionär erhält die Berichtigungsaktien entsprechend den Anteilen, die er bis dahin am Grundkapital der Gesellschaft gehalten hat.

Berufshaftpflichtversicherung, →Haftpflichtversicherung zur Deckung von Schäden, die aus der beruflichen Tätigkeit bestimmter Berufsgruppen, etwa bei Beamten, Freiberuflern oder Selbstständigen (z. B. Architekten, Ärzten, Rechtsanwälten) resultieren.

Berufsunfähigkeitsversicherung, Art der Lebensversicherung, die für den Fall vorzeitiger Berufsunfähigkeit Versicherungsschutz in Form einer Berufsunfähigkeitsrente gewährt.

bestens, →unlimitierte Aufträge.

Betafaktor, Kennzahl, die die →Volatilität einer Aktie, eines Investmentfonds oder eines Portfolios gegenüber dem Markt, einem Index oder einer Benchmark angibt.

Bezugsaktien, neue bzw. junge Aktien, die bei einer bedingten Kapitalerhöhung ausgegeben werden. Das **Bezugsangebot** gibt an, zu welchen Konditionen ein Altaktionär bei einer Kapitalerhöhung neue Aktien erwerben kann. Das **Bezugsverhältnis** gibt bei einer Grundkapitalerhöhung die Relation der Anzahl der alten Aktien zu den jungen Aktien an.

Bezugsberechtigung, auch **Begünstigung,** bei Lebensversicherungen und privaten Unfallversicherungen das Recht einer vom Versicherungsnehmer genannten Person auf die Versicherungsleistung im Versicherungsfall.

BIC, →internationale Bankidentifikation.

billigst, →unlimitierte Aufträge.

Blue Chips ['blu: 'tʃɪps], Spitzenwerte des Aktienmarktes, d. h. Aktien substanz- und ertragsstarker Unternehmen, die sich durch erstklassige Bonität sowie gute Entwicklungsperspektiven auszeichnen.

Bogen, Wertpapierurkunde, die im Gegensatz zum →Mantel Zins- und Gewinnanteilscheine sowie den Erneuerungsschein (→Talon) enthält.

Bonds, festverzinsliche Wertpapiere, auch Obligationen oder Schuldverschreibungen genannt.

Bonität, auch Kreditwürdigkeit, die Fähigkeit und der Wille eines Schuldners, aufgenommene Kredite einschließlich der Zinsen vereinbarungsgemäß zurückzuzahlen.

Bookbuilding ['bʊkbɪldɪŋ], *das,* Verfahren zur Bestimmung des Emissionspreises von Aktien. Beim Bookbuilding-Verfahren wird der Emissionspreis vorher nicht festgelegt wie beim Festpreisverfahren, sondern eine Bandbreite ermittelt, in der sich der Emissionspreis zu bewegen hat.

Börse, regelmäßige Zusammenführung von Kauf- und Verkaufsinteressen, traditionell im Zuge des Zusammentreffens von Käufern und Verkäufern (→Präsenzbörse) an einem bestimmten Ort (Börsensaal, Börsenparkett) und zu bestimmten Zeiten (Börsenzeit) oder durch Eingabe in ein elektronisches Handelssystem (→elektronische Börse, Computerbörse). Objekte des →Börsenhandels sind vertretbare (bewegliche) und austauschbare Sachen, die im Verkehr nach Zahl, Maß oder Gewicht exakt bestimmt werden. Die Börse führt Angebot und Nachfrage marktmäßig zusammen und gleicht sie aus durch die Festsetzung von Preisen (Kursen), zu denen die größtmögliche Zahl von Geschäften ausgeführt werden kann.

Börsenaufsicht, Überwachungsorgan, das den ordnungsgemäßen Ablauf der Börsengeschäfte sicherstellen will. Zu ihren Aufgaben zählt u. a. die Vermeidung von Insiderhandel. Im Rahmen der **Marktaufsicht** werden im Wesentlichen die ordnungsgemäße Durchführung des Handels, die ordnungsgemäße Geschäftsabwicklung und die Einhaltung der getroffenen Anordnungen überwacht. Die Börsenaufsicht obliegt in Deutschland den jeweiligen Landesregierungen bzw. dem Wirtschaftsminister des betreffenden Bundeslandes.

Börseneinführung, Aufnahme des Handels mit Wertpapieren (z. B. eines Unternehmens) bzw. Beginn ihrer Notierung an der Börse. Sie schließt sich an die Börsenzulassung an. Voraussetzung für die **Beantragung der Börseneinführung,** die meist in Zusammenarbeit mit einem Kreditinstitut erfolgt, ist der Nachweis über einen Mindestbetrag an haftendem Eigenkapital und die Zulassung an einer inländischen Wertpapierbörse. Wird die Zulassung erteilt, muss sie im Bundesanzeiger, dem Kursblatt der entsprechenden Börse und einem Börsenpflichtblatt veröffentlicht werden.

Börsenhandel, Kauf und Verkauf von Wertpapieren. Zentrales Anliegen der Marktorganisation durch Börsen ist es, den am Börsenhandel Teilnehmenden einen raschen Einblick in die Marktlage zu geben und in möglichst kurzer Zeit den Abschluss von Geschäften zu qualifizierten Kursen zu ermöglichen. Im Unterschied zum einfachen Kurs, der zwischen zwei Parteien zufällig an einem beliebigen Ort ausgehandelt wird, reflektiert der qualifizierte →Kurs alle bewertungsrelevanten Informationen, die den Marktteilnehmern zum Zeitpunkt des Geschäfts-

abschlusses bekannt sind. Um qualifizierte Kurse zu gewährleisten, organisieren die Wertpapierbörsen den Handel nach zwei unterschiedlichen Prinzipien:

Beim **Auktionsprinzip** handeln sachverständige Händler den Kurs offen aus. Andere Händler haben jederzeit die Möglichkeit, die gebotenen oder geforderten Kurse zu unter- bzw. zu überbieten. Ist der Handel nach dem **Marketmakerprinzip** organisiert, nennt ein Marketmaker verbindliche Geld- und Briefkurse, zu denen andere Parteien abschließen können.

Börsensegmente, definierter und geregelter Teil eines Börsenmarkts. Im deutschen Börsengesetz werden seit 1. 11. 2007 die beiden Marktsegmente →regulierter Markt und →Freiverkehr unterschieden.

Börsenzulassung, Voraussetzung zum Handel von Wertpapieren an der Börse. Sie ist an gesetzliche Bestimmungen gebunden, die u. a. fordern, dass vor dem Börsengang ein **Zulassungsprospekt** erstellt wird. Die Zulassung ist vom Emittenten zusammen mit einem Kreditinstitut zu beantragen. Nach der Zulassung muss der Emittent bestimmte Pflichten erfüllen wie die Erstellung von Zwischenberichten in regelmäßigen Abständen und die Meldungen gemäß der →Ad-hoc-Publizität.

Branchenfonds, Investmentfonds, die nur in Wertpapiere bestimmter Wirtschaftsbereiche investieren (z. B. Telekommunikation, Rohstoffe, Biotechnologie, Pharmaindustrie).

Brief, →Kurszusätze.

Broker ['brəʊkə], *der,* Wertpapiermakler, der Anleger bei ihren Investments berät und über seine Mitgliedschaft an den Börsen die Kauf- und Verkaufsaufträge abwickelt.

Buchwert, Wert, der sich aus den Vermögensgegenständen und Verbindlichkeiten, die in der Bilanz eines Unternehmens ausgewiesen werden, ergibt. Wenn die tatsächlichen Wertminderungen von Vermögensobjekten den in der Bilanz angesetzten Abschreibungen entsprechen, dann entspricht der Buchwert dem **tatsächlichen Wert**.

Bulle, Symbol für eine positive Börsenentwicklung. Bullen sind Anleger, die von einer positiven Kursentwicklung ausgehen. Die betreffende Börse nennt man Bullenmarkt. (Gegensatz: → Bär)

Bundesanstalt für Finanzdienstleistungsaufsicht, Abkürzung **BaFin**, bundesunmittelbare, rechtsfähige Anstalt des öffentlichen Rechts mit Sitz in Bonn und Frankfurt am Main, deren Aufgabe die **Banken-, Versicherungs- und Wertpapieraufsicht** ist. Sie wurde am 1. 5. 2002 durch Zusammenlegung der Bundesaufsichtsämter für Kreditwesen, Versicherungswesen und Wertpapierhandel gegründet. Sie kontrolliert die rund 3500 Kreditinstitute, Finanzdienstleister und Versicherungen sowie etwa 6000 Fonds und Anlagegesellschaften mit dem Ziel, ein stabiles und funktionsfähiges Finanzsystem in Deutschland zu sichern. Im internationalen Rahmen vertritt die BaFin die Interessen des Finanzplatzes Deutschland durch eine Mitwirkung in verschiedenen Gremien.

Bundesobligationen, Abkürzung **Bobl,** Bundesanleihen, die seit 1979 in aufeinanderfolgenden Serien (neue Serie bei Übergang zu anderem Nominalzins) mit festem Zinssatz und variablen Ausgabekursen ausgegeben werden. Die Laufzeit beträgt fünf Jahre, die Stückelung 0,01 Euro, der Mindestauftragswert

100 Euro. Da Bundesobligationen an Börsen gehandelt werden, sind sie jederzeit veräußerbar.

Bundesrepublik Deutschland – Finanzagentur GmbH, im Jahr 2000 gegründetes Unternehmen des Bundes, das im Auftrag und auf Rechnung des Bundes Dienstleistungen für das Bundesfinanzministerium bei der Haushalts- und Kassenfinanzierung (z. B. bei der Emission von Bundeswertpapieren, der Kreditaufnahme mittels Schuldscheindarlehen oder dem Einsatz derivativer Finanzinstrumente) sowie dem Schuldenmanagement erbringt. Nach organisatorischer und personeller Zusammenführung mit der **Bundeswertpapierverwaltung** führt die Finanzagentur seit 1. 8. 2006 auch das **Bundesschuldbuch.**

Bundesschatzbriefe, seit 1969 ausgegebene mittelfristige Wertpapiere mit festen, jährlich steigenden Zinssätzen (Mindestauftrag: 50 Euro). Sie werden nicht an Börsen gehandelt; eine vorzeitige Rückgabe ist ein Jahr nach Erwerb bis zu einem Höchstbetrag von 5000 Euro je 30 Zinstage und Gläubiger möglich. Es gibt zwei Arten von Bundesschatzbriefen: **Typ A** mit einer Laufzeit von sechs Jahren und jährlicher Zinszahlung, **Typ B** mit einer Laufzeit von sieben Jahren und Zinssammlung bis zur Fälligkeit.

Bundeswertpapierverwaltung, bis 2002 **Bundesschuldenverwaltung,** seit 1. 8. 2006 mit der Deutschen Finanzagentur (→ Bundesrepublik Deutschland – Finanzagentur GmbH) zusammengelegt. Sie beurkundete und verwaltete die vom Bund aufgenommenen Kredite und bot den gebührenfreien Erwerb von Wertpapieren des Bundes und deren kostenlose Depotverwahrung an.

Bund-Future [-'fju:tʃə], *der,* Terminkontrakt auf eine fiktive deutsche Bundesanleihe mit einem Nominalzins von 6% und einer Restlaufzeit von acht bis zehn Jahren. Jeder Kontrakt hat einen Nominalwert von 100 000 Euro. Die Kursnotierung erfolgt in Prozent vom Nominalwert.

Bürgschaft, Vertrag, durch den sich eine Person, der **Bürge,** gegenüber dem Gläubiger eines Dritten, des Hauptschuldners, verpflichtet, für die Verbindlichkeit des Dritten einzustehen. Sie ist akzessorisch, d. h., der Bürge haftet nur in dem Umfang, in dem auch der Hauptschuldner haftet; spätere Haftungserweiterungen treffen den Bürgen nicht. Der Bürge hat fast alle Einreden (Geltendmachen von Umständen, die ein Recht zur Verweigerung einer geschuldeten Leistung geben), die der Hauptschuldner gegen die Forderung auch hat. So kann er die Befriedigung des Gläubigers verweigern, solange nicht der Gläubiger die Zwangsvollstreckung in das Vermögen des Hauptschuldners erfolglos versucht hat **(Ausfallbürgschaft).** Häufig wird diese Einrede jedoch schon in der Bürgschaftserklärung ausgeschlossen, sodass der Gläubiger unmittelbar auf den Bürgen (als Selbstschuldner) zurückgreifen kann **(selbstschuldnerische Bürgschaft).** Befriedigt der Bürge den Gläubiger, geht dessen Forderung auf den Bürgen über.

Call [kɔ:l], *der,* Kaufoption; gewährt dem Käufer gegen eine Prämie das vertraglich zugesicherte Recht, ein bestimmtes Basisgut zu vorher festgelegten Konditionen (Termin, Preis etc.) zu erwerben. Besteht dieses Recht innerhalb eines bestimmten Zeitraums, handelt es sich um eine **amerikanische Option,** besteht es nur zu einem bestimmten Zeitpunkt, wird von **europäischer Option** gesprochen. Wird eine Kaufoption nicht ausgeübt, verfällt sie wertlos. (Gegensatz: → Put)

Captive ['kæptɪv], Kurzform für Captive Insurance Company, von industriellen Versicherungsnehmern gegründete Einrichtung zur externen Selbstversicherung, die die Aufgabe hat, für konzerneigene Risiken Versicherungsschutz bereitzustellen.

Cashflow ['kæʃfləʊ], *der,* Finanzmittelüberschuss aus der wirtschaftlichen Tätigkeit eines Unternehmens in einer Periode; berechnet als Differenz zwischen liquiditätswirksamen Aufwendungen und Erträgen (direkte Methode) oder durch die indirekte Methode: Jahresüberschuss, korrigiert um alle nicht auszahlungswirksamen Aufwendungen (z. B. Abschreibungen) und nicht einzahlungswirksamen Erträge (z. B. Auflösung von Rücklagen). Der Cashflow ist als eine **Bilanzkennzahl** ein Indikator für die Ertrags- und Finanzkraft eines Unternehmens.

Composite-DAX®, Abkürzung **CDAX®,** minütlich ermittelter Index der Frankfurter Wertpapierbörse, der seit 1993 von der Deutschen Börse AG veröffentlicht wird. Der CDAX® erstreckt sich auf alle inländischen Unternehmen, die an der Frankfurter Börse in den Marktsegmenten Prime Standard und General Standard notiert sind.

Computerbörse, → elektronische Börse.

Conduit ['kɔndɪt], *die,* eine Zweckgesellschaft, die allein für ein bestimmtes Vorhaben gegründet wird; Gründer und Eigentümer sind in der Regel Banken. Conduits kaufen meist → Asset-backed Securities an und refinanzieren sich durch die Ausgabe von Geldmarktpapieren. Das Risiko verbleibt über die **Liquiditätsgarantie** meist bei der Bank, die den Conduit gegründet hat.

Coupon, Kupon, Dividenden- oder Gewinnanteilschein, der den Dividendenanspruch aus einer Aktie dokumentiert. Ein Coupon wird auch bei der Ausgabe festverzinslicher Wertpapiere festgelegt. Er ist ein Zinsschein, der die vereinbarte Verzinsung des Wertpapiers angibt und zur Vereinnahmung der Zinsen berechtigt.

Courtage [kurˈtaːʒ(ə)], *die,* Maklergebühr, Vergütung an den Börsenmakler für die Vermittlung von Börsengeschäften.

Crash [kræʃ], *der,* dramatischer Fall der Börsenkurse innerhalb kurzer Zeit.

Crashversicherung, Absicherung eines Aktienportfolios gegen Kurseinbrüche, z. B. durch Absicherungsgeschäfte mit derivativen Finanzinstrumenten.

Dachfonds, → Investmentfonds, die in zur Risikostreuung in Anteile anderer Fonds investieren.

Damnum, *das,* die Differenz zwischen Nennbetrag und dem niedrigeren ausgezahlten Betrag eines → Darlehens. Bei Hypothekendarlehen dient das Damnum der Deckung der Bearbeitungskosten und dem Ausgleich des → Disagios.

Darlehen, zeitweilige Überlassung der Nutzung von vertretbaren Sachen (Sachdarlehen) oder von Geldkapital (Gelddarlehen). Beim **Sachdarlehen** zahlt der Darlehensnehmer ein Entgelt und verpflichtet sich, Sachen von gleicher Art, Güte und Menge bei Fälligkeit zurückzuerstatten. Das **Gelddarlehen** ist die wichtigste Form der Kreditgewährung. Dabei wird ein Geldbetrag überlas-

sen, der bei Fälligkeit zurückzuerstatten ist; es kann verzinslich oder unverzinslich sein. Ein entgeltlich zwischen einem Unternehmer als Darlehensgeber und einem Verbraucher als Darlehensnehmer geschlossener Darlehensvertrag wird Verbraucherdarlehen oder →Verbraucherkredit genannt.

DAX®, Abkürzung für den 1988 eingeführten **D**eutschen **A**ktieninde**x**, der sich auf die 30 hinsichtlich Börsenumsatz und Marktkapitalisierung größten deutschen Unternehmen bezieht und an der Frankfurter Wertpapierbörse während der Handelszeit alle 15 Sekunden neu berechnet wird. Als Basis wurde der Wert am 31. 12. 1987 gleich 1000 gesetzt. Gewichtung und Auswahl der einbezogenen Aktienwerte werden in der Regel einmal jährlich aktualisiert. Der DAX® berücksichtigt Dividendenzahlungen und Bezugsrechtsabschläge (→Performance-Index). Er repräsentiert rund 75% des Grundkapitals inländischer börsennotierter Aktiengesellschaften.

Neben dem DAX® gibt es den →MDAX®, den →SDAX® und den →TecDax®; diese drei Indizes sind offen für ausländische Aktienwerte. Voraussetzung für die Aufnahme in einen der vier Indizes ist die Zulassung zum Prime-Standard-Segment an der Frankfurter Wertpapierbörse.

Als »erweiterte Auswahlindizes« gelten der **Midcap Market Index** (beinhaltet die 80 Werte des MDAX® und des TecDax®) sowie der **HDAX®** (umfasst alle 110 Werte des DAX®, MDAX® und TecDax®), die beide alle 60 Sekunden berechnet und halbjährlich im Hinblick auf ihre Zusammensetzung überprüft werden. Ebenfalls übergreifend angelegt ist der CDAX® (→Composite-DAX®). Eine Sonderstellung hat der seit 1994 ermittelte **VDAX®**, ein **Volatilitätsindex**, der die vom Terminmarkt erwartete Schwankungsbreite (Volatilität) des DAX® zum Ausdruck bringt.

DAX®-Future [-ˈfju:tʃə], *der*, 1990 an der Deutschen Terminbörse eingeführter **Terminkontrakt** auf den DAX®. Der Kontraktwert beträgt 25 Euro pro Indexpunkt, die geringste Kursveränderung liegt bei 0,5 Indexpunkten, also 12,50 Euro. Die maximale Laufzeit des Kontrakts beträgt neun Monate, die Erfüllung erfolgt in bar am ersten Handelstag nach dem Schlussabrechnungstag. Letzter Handelstag ist der dritte Freitag des Verfallsmonats. DAX®-Future-Kontrakte werden täglich gehandelt.

Daytrader [deɪˈtreɪdə], *der*, Börsenteilnehmer, der versucht, Tagestrends auszunutzen, und entsprechend kurzfristig handelt.

Debet, *das*, Sollseite eines Kontos. (Gegensatz → Kredit)

Debitor, → Schuldner.

Deport, im Devisenhandel Kursabschlag des Terminkurses gegenüber dem Kassakurs einer Währung, Gegensatz: → Report (→ Swapgeschäft); im Wertpapierhandel Vergütung bei der Verlängerung eines Termingeschäfts für das Leihen der Stücke.

Depot [deˈpo], *das*, bei einem Kreditinstitut zur Verwahrung und Verwaltung hinterlegte Wertgegenstände oder -papiere.
Das **geschlossene Depot** bezeichnet versiegelte oder verplombte Verwahrstücke – beispielsweise Gold, Schmuck oder Urkunden –, die eine Bank für ihren Depotkunden im Tresor aufbewahrt. Dazu zählt auch die Vermietung von Schrank- und Schließfächern zur Aufbewahrung von Wertgegenständen. Das **offene Depot** bezeichnet Wertpapiere, die auf einem gesonderten Konto, dem Depotkonto, verbucht und für den Kunden einer

Bank gegen eine entsprechende Gebühr verwaltet werden (→ Sammelverwahrung).

Derivate, Rechte, deren Wert im Wesentlichen vom Preis und den Preisschwankungen sowie den Preiserwartungen eines zugrunde liegenden Basisinstrumentes – des → Underlyings – abhängt. Zu den Basisinstrumenten zählen Aktien, Anleihen, Devisen, Indizes und Ähnliches. Der Großteil der Derivate besteht aus Optionen, Futures und Swapgeschäften.

Deutsche Börse AG, Trägerin der öffentlich-rechtlichen Frankfurter Wertpapierbörse AG (FWB®) und der elektronischen Handelsplattform XETRA®; mit ihren Aktien selbst im DAX® gelistet und mit 50% an der Terminbörse Eurex beteiligt. Darüber hinaus ist sie Alleininhaberin der **Deutschen Börse Systems AG,** die alle Informatikaktivitäten der Deutschen Börse AG betreut, sowie des internationalen Wertpapierabwicklers **Clearstream International.** Zusammen bilden die Unternehmen die **Gruppe Deutsche Börse.**

Deutsche Finanzagentur, → Bundesrepublik Deutschland – Finanzagentur GmbH.

Deutsche Terminbörse, → Eurex.

Devisen, Ansprüche auf Zahlungen in fremder Währung, z. B. Guthaben in Fremdwährung bei ausländischen Banken, auf fremde Währung lautende und im Ausland zahlbare Wechsel, Schecks oder Wertpapiere. Devisen sind zu unterscheiden von **Sorten** (Banknoten und Münzen ausländischer Zentralbanken).

Devisenhandel, An- und Verkauf von Devisen gegen Inlandswährung oder gegen andere Devisen. Am **Devisenmarkt** werden der Kassa- und der Terminmarkt unterschieden. Am **Devisenkassa-**

markt müssen die Devisen beiderseits am zweiten Werktag nach Abschluss des Kassageschäftes angeschafft werden. Bei einem **Devisentermingeschäft**, einem Devisen-Future, sind die Devisen erst zum vereinbarten Termin anzuschaffen. Als Kursbasis gilt der Terminkurs.

Direktversicherung, Lebensversicherung als **betriebliche Altersversorgung**, die der Arbeitgeber als Versicherungsnehmer zugunsten eines Arbeitnehmers und/oder dessen Hinterbliebenen als Bezugsberechtigte abschließt. Der Arbeitgeber muss die Beiträge an das Versicherungsunternehmen überweisen, der Arbeitnehmer kann aber einen Teil oder den gesamten Beitrag selbst finanzieren **(Entgeltumwandlung)**.

Disagio [dis'aːdʒo], *das,* auch **Abgeld,** Unterschied zwischen Rückzahlungs- und niedrigerem Ausgabekurs bzw. zwischen Börsenkurs und Nennwert. Eine Emission von Aktien mit Disagio ist in Deutschland nicht zulässig, bei festverzinslichen Wertpapieren dagegen üblich. (Gegensatz: →Agio)

Discountbroker [dɪs'kaʊntbrəʊkə], auch **Direktanlagebanken,** bieten Wertpapierdienstleistungen ohne individuelle Anlageberatung und damit im Vergleich zu den üblichen Anbietern günstiger an.

Diskont, bei Ablösung einer Forderung vor Fälligkeit zahlungswirksam werdender Abschlag.

Diskontierung, →Abzinsung.

Dispositionskredit, auch **Überziehungskredit,** Art des →Kontokorrentkredits. Die Bank räumt dem Kunden die Möglichkeit ein, sein laufendes Konto **(Girokonto)** formlos bis zu einem vereinbarten Betrag zu überziehen. Für den Dispositionskredit werden

Soll- und Überziehungszinsen sowie in der Regel eine Überziehungsprovision berechnet.

Dividende, ausgezahlter Anteil am Gewinn einer AG. Je nach Gewinnentwicklung kann sie höher oder niedriger sein und bei besonders ungünstiger Geschäftsentwicklung sogar ganz entfallen. In Deutschland wird sie in der Regel jährlich, im Ausland häufig auch quartalsweise gezahlt. Die **Nettodividende** ist der Betrag, der nach Abzug der 25%igen Abgeltungsteuer dem Aktionär direkt gutgeschrieben wird.

Dividendenrendite, Kennzahl, die angibt, wie sich ein angelegtes Kapital unter Zugrundelegung des jeweils gültigen Börsenkurses einer Aktie und einer bestimmten Dividende verzinst. Ihre Höhe konkurriert mit der am Kapitalmarkt erreichbaren Zinshöhe. Dadurch ist ein **Vergleich eines Investments** in Aktien mit dem in festverzinslichen Wertpapieren möglich.

Dividendenstripping, Kombination aus dem Verkauf einer Aktie kurz vor dem Dividendentermin und ihrem Rückkauf kurz nach dem Dividendentermin. Ziel ist es, die Differenz, die aufgrund des Dividendenabschlags zwischen dem Kurs vor und dem Kurs nach der Dividendenzahlung entsteht, als **Kursgewinn** zu vereinnahmen.

Doppelversicherung, mehrfache Versicherung desselben Risikos bei verschiedenen Versicherern. Übersteigen die Versicherungssummen den Versicherungswert **(Überversicherung)**, haften die Versicherer nur bis zur Höhe des Gesamtschadens; die Doppelversicherung ist bei Nachweis betrügerischer Absicht nichtig. Bei **Leistungsversicherungen** (Rentenversicherung, Lebensversicherung u. a.) ist Doppelversicherung zulässig.

Dow-Jones-Index [daʊˈdʒəʊnz-], aus dem Durchschnitt der Aktienkurse ausgewählter umsatzstarker Unternehmen an der →New York Stock Exchange gebildeter Aktienindex, zu dem traditionell 30 Industrie-, 20 Transport- und 15 Versorgungsunternehmen gehören. Unter dem Dow-Jones-Index wird sowohl der Gesamtindex für alle drei Gruppen (**Composite Average**) verstanden als auch die Subindizes für jede der drei Gruppen: der **Industrial Average**, dem stets eine besondere Aufmerksamkeit zuteil wird, der **Transportation Average** und der **Utility Average.** Seit 1928 wird der Index als Summe der täglichen Schlusskurse geteilt durch die Zahl der enthaltenen Aktien ermittelt.

Dow Jones EURO STOXX® 50 [daʊˈdʒəʊnz-], Index, der sich aus 50 Aktienwerten von Unternehmen aus Ländern der Europäischen Währungsunion zusammensetzt. Er wurde Anfang 1998 von der Deutschen Börse AG, der Pariser Börse und der Schweizer Börse sowie dem Unternehmen Dow Jones eingeführt.

dynamische Lebensversicherung, Lebensversicherung mit einer planmäßigen, vertraglich vereinbarten Erhöhung des Beitrags und damit der Versicherungsleistung. Maßstab für die Beitragserhöhung sind die Einkommensentwicklung, die Lebenshaltungskosten oder der Höchstbeitrag für die gesetzliche Rentenversicherung.

dynamische Sachversicherung, Sachversicherung, deren Versicherungssumme und Beiträge einem Lebenshaltungskosten- oder Lohnindex angepasst werden, um einer Unterversicherung durch Wertsteigerung und/oder einer inflationsbedingten Entwertung des Versicherungsschutzes zu begegnen.

Effekten, Wertpapiere, die Anteils- und Forderungsrechte beurkunden und Gegenstand des Handels sind (Aktien, Obligationen, Pfandbriefe u. a.).

Effektivverzinsung, reale Verzinsung eines Investments, also nach Abzug aller Nebenkosten wie Gebühren usw. Darin berücksichtigt werden auch der Erwerbskurs, der Zinsertrag und das Auf- bzw. Abgeld (Rendite).

Einheitskurs, auch **Kassakurs,** während der Börsensitzung einmal ermittelter Kurs. Er wird für Börsenaufträge verwendet, die eine bestimmte Stückzahl (in der Regel 100) nicht erreichen.

Einlagen, Geldbeträge, die Kunden den Banken in der Regel gegen eine Vergütung (Zinsen) zur Verfügung stellen. **Sichteinlagen** (täglich fällige Gelder) dienen dem bargeldlosen Zahlungsverkehr, werden niedrig oder nicht verzinst und als Buch- oder Giralgeld bezeichnet; **Termineinlagen** sind verzinsliche Einlagen mit fester Laufzeit (Festgelder) oder mit vereinbarter Kündigungsfrist (Kündigungsgelder), die nicht unmittelbar dem Zahlungsverkehr dienen. **Spareinlagen** sind unbefristete, nicht unmittelbar dem Zahlungsverkehr dienende Geldanlagen mit vereinbarter Kündigungsfrist.

Einlagensicherungsfonds, freiwillige Einrichtungen der Banken zum Schutz der Kundeneinlagen im Falle einer Insolvenz. In Deutschland haben die Privatbanken, die Sparkassen sowie die Volks- und Raiffeisenkassen eigene Fonds eingerichtet, die Risiken absichern, die durch die gesetzliche Entschädigungseinrichtung nicht abgedeckt sind. Diese sichert nur Einlagen bis 20 000 Euro pro Kunde und erstreckt sich nicht auf Wertpapiere.

elektronische Börse, Computerbörse, automatisiertes elektronisches Informations- und Handelssystem für Börsengeschäfte. In Deutschland zählt Xetra® zu den Computerbörsen.

Elementarschadenversicherung, Sammelbezeichnung für Versicherungen gegen die Folgen von schadenträchtigen Naturereignissen (Erdbeben, Erdrutsch, Lawinen, Überschwemmung, Sturmflut, Sturm, Hagel, Blitzschlag u. a.).

Emerging Markets [ɪ'mə:dʒɪŋ 'mɑ:kɪts], Aktienmärkte in Schwellenländern bzw. solchen Ländern, die im Vergleich mit ihren Nachbarn weniger stark entwickelt sind. **Emerging-Markets-Fonds** investieren in Aktien oder Anleihen aus Schwellenländern.

Emission, zum einen die Gesamtheit von Wertpapieren einer bestimmten Art und Gattung, zum anderen die Ausgabe neuer Wertpapiere zum Zweck der Kapitalbeschaffung, d. h. die Erstunterbringung von Schuldverschreibungen und Aktien am Kapitalmarkt und ihre Einführung an den Börsen. Der Markt für neue Wertpapiere wird als **Emissions**- oder **Primärmarkt** bezeichnet.

Emittent, Herausgeber, Aussteller von Wertpapieren.

Entry Standard ['entrɪ 'stændəd], *der,* 2005 von der Deutschen Börse AG geschaffenes Marktsegment, das als Teilbereich des **Open Market** (→Freiverkehr) v. a. kleinen und mittleren Unternehmen einen flexiblen und kosteneffizienten Zugang zum Kapitalmarkt eröffnen soll. Die Zulassungsvoraussetzungen sind geringer als bei den klassischen Börsensegmenten →Prime Standard und →General Standard.

EONIA, Abkürzung für **E**uro **O**vernight **I**ndex **A**verage, von der Europäischen Zentralbank berechneter Durchschnittszinssatz für

Tagesgelder im Interbankenhandel, basierend auf effektiven Umsätzen.

Erlebensfallversicherung, Lebensversicherung, bei der der Anspruch auf die Versicherungsleistung mit dem Erreichen eines bestimmten Lebensalters entsteht. Stirbt die Vertragsperson vor diesem Alter, erlischt der Versicherungsanspruch.

Erlöschen von Börsenaufträgen, Ablauf der Gültigkeit eines Auftrags, z. B. einer Kauforder, nach Ende einer bestimmten Frist. Börsenaufträge, die mündlich oder unbefristet schriftlich erteilt werden, gelten nach den Geschäftsbedingungen der Börsen als **Tagesaufträge.** Im Allgemeinen lassen sich Börsenaufträge nicht über das Monatsende **(bis Ultimo)** hinaus befristen.

Eurex, Abkürzung für **Eur**opean **Ex**change, größte transnationale Börsenplattform im Derivatemarkt für Handel und Clearing (Verrechnung gegenseitiger Forderungen und Verbindlichkeiten) mit einheitlichem technischem Standard und harmonisiertem Regelwerk. Sie entstand 1998 durch Zusammenführung der beiden elektronischen Terminbörsen Eurex Deutschland (bis Juni 1998 Deutsche Terminbörse) und Eurex Zürich (vormals Swiss Options and Financial Futures Exchange [SOFFEX]). Mit der Tochtergesellschaft **Eurex US** gründete die Eurex eine eigene Börse in Chicago, die am 8. 2. 2004 den Handel auf dem US-Terminmarkt aufnahm.

EURIBOR, Abkürzung für **Euro** **I**nter**b**ank **O**ffered **R**ate, Familie von Euro-Referenzzinssätzen für den Interbankenhandel am Geldmarkt. Er wird nach Laufzeiten differenziert ausgewiesen (eine Woche bis zwölf Monate) und als Durchschnittswert aus den gemeldeten Briefkursen von rund 30 Banken täglich ermittelt.

Euroanleihen, am Eurokapitalmarkt in einer Fremdwährung aufgelegte Anleihen. Die wichtigsten Anleihewährungen sind US-Dollar und Japanischer Yen. Sie werden meistens mit langen Laufzeiten begeben und weisen u. a. wegen des geringeren administrativen Aufwands und der größeren Volumina höhere Renditen auf als vergleichbare inländische Anleihen.

Exoten, Wertpapiere von Emittenten aus kleinen, meist in Übersee gelegenen Staaten ohne funktionierenden Kapitalmarkt. Als Exoten werden darüber hinaus spekulative Werte bezeichnet, die nicht amtlich notiert sind und außerhalb des Freiverkehrs nach Börsenschluss gehandelt werden.

Fälligkeitstermin, Zeitpunkt, zu dem der Basiswert eines Terminkontrakts zur Lieferung fällig wird. Eine Lieferung kann vermieden werden, wenn die Position vor dem Fälligkeitsdatum glattgestellt wird (→ Glattstellen).

Fazilität, von der Bank eingeräumte Kreditmöglichkeit, die bei Bedarf bis zu einer bestimmten Höhe in Anspruch genommen werden kann (→ Kreditlinie). Im internationalen Währungssystem sind Fazilitäten Zugriffsmöglichkeiten nationaler Währungsbehörden auf Devisenkredite **(Kreditfazilitäten)** internationaler Währungsbehörden.

feindliche Übernahme, die Übernahme eines Unternehmens durch Dritte **(Raider)** gegen den Willen der Entscheidungsträger des Zielunternehmens. Der Käufer erwirbt die dazu erforderliche Mehrheitsbeteiligung entweder durch sukzessives Aufkaufen der betreffenden Aktien an der Börse oder durch eine öffentliche Übernahmeofferte (Angebot, Aktien zu einem in der

Regel deutlich über der aktuellen Börsennotierung liegenden Preis anzukaufen, **Abfindungsofferte**). Als dritte Übernahmestrategie besteht die Möglichkeit der Kooperation mit den bisherigen Anteilseignern. Zur Abwehr einer feindlichen Übernahme kann ein befreundetes Unternehmen **(White Knight)** gebeten werden, den Raider durch ein besseres Angebot zu verdrängen.

Festgeld, Termineinlage mit fester Laufzeit und einem festen Zinssatz.

Festgeschäft, Börsentermingeschäft, bei dem zur Monatsmitte oder zum Monatsende (»per medio« oder »per ultimo«) eine bestimmte Menge gekauft oder verkauft werden soll. Es besteht also keine Möglichkeit, innerhalb der Frist vom Kauf oder Verkauf zurückzutreten. Deshalb zählen Festgeschäfte zu den **risikoreichen Transaktionen,** bei denen das Risiko durch den Abschluss eines Gegengeschäfts begrenzt werden kann.

festverzinsliche Wertpapiere, an der Börse gehandelte, mittel- bis langfristige Schuldverschreibungen. Sie werden von der öffentlichen Hand, einer Reihe von Banken und von größeren Industrieunternehmen ausgegeben. Auf der Grundlage des festgelegten Zinssatzes ergibt sich ein gleichbleibender Zinsertrag, weshalb festverzinsliche Wertpapiere auch **Rentenpapiere** oder **Rentenwerte** heißen. Ihre gängige Laufzeit liegt zwischen sechs und 15 Jahren.

Financial Futures [faɪ'nænʃl 'fju:tʃəz], Terminkontrakte auf Aktien, festverzinsliche Wertpapiere, Devisen, Indizes und Edelmetalle. Der Unterschied zum **traditionellen Terminkontrakt** besteht darin, dass sie nicht grundsätzlich auf die Erfüllung des Vertrages ausgelegt sind. In den meisten Fällen wird vor Ablauf des Kontraktes eine Stornierung, d. h. ein Gegengeschäft, getätigt. Es muss dann nur noch ein sich eventuell ergebender Differenzbetrag gezahlt werden. (→ auch Futures)

Finanzierungsschätze, Finanzierungspapiere des Bundes, die nicht börsennotiert sind und feste Laufzeiten von ein oder zwei Jahren aufweisen. Die kleinste Stückelung beträgt 500 Euro. Der Anlagehöchstbetrag liegt bei 250 000 Euro pro Person und Geschäftstag. Ein Verkauf bzw. die vorzeitige Rückgabe ist nicht möglich. Die Verzinsung erfolgt durch Zinsabzug vom Nominalwert (→ Abzinsung).

Finanzintermediäre, Institutionen, die an den Finanzmärkten zwischen Kapitalgebern und Kreditnehmern vermitteln. Zu ihnen zählen in erster Linie Kreditinstitute und Versicherungen, aber auch Kapitalanlagegesellschaften und Finanzmakler.

Floater ['fləʊtə], Kurzform für **Floating-Rate-Notes**, mittel- bis langfristige Anleihen mit variabler Verzinsung, deren Zinssatz in bestimmten Zeitabständen (in der Regel alle drei bis sechs Monate) an einen Referenzzinssatz angepasst wird. Floater sind üblicherweise mit einem vorzeitigen Kündigungsrecht des Emittenten ausgestattet.

Fonds ['fɔ̃], *der,* für bestimmte Zwecke gehaltene Geldmittel oder Vermögenswerte. An der Börse werden durch Kapitalanlagegesellschaften oder Fondsgesellschaften verwaltete Kapitalvermögen, die in Immobilien, Aktien usw. angelegt sind, als Fonds bezeichnet.

Man unterscheidet grundsätzlich zwischen offenen und geschlossenen Fonds. Der **offene Fonds** ist die hierzulande übliche Form eines Investmentfonds, der laufend neue Zertifikate an

Anleger verkauft oder von diesen zurücknimmt. Der Kurswert eines Anteils richtet sich nach dem tatsächlichen anteiligen Wert am Fondsvermögen (Inventarwert), der sich aus dem Barvermögen des Fonds und dem jeweiligen Kurswert der vom Fonds erworbenen Wertpapiere ergibt. Er wird börsentägig ermittelt und veröffentlicht. Dem Anleger gegenüber verpflichtet sich die Investmentgesellschaft zur Rücknahme der Fondsanteile entsprechend dem festgestellten Kurswert, abzüglich eventueller Verkaufsspesen und Rücknahmekosten. Beim **geschlossenen Fonds** werden die Mittel durch eine bestimmte, von vornherein begrenzte Anzahl von Anteilen aufgebracht. Der Kurswert eines Anteils richtet sich nicht nach dem anteiligen Wert am Fondsvermögen, sondern unterliegt der freien Preisbildung. Je nach Lage von Angebot und Nachfrage wird der Kurswert mit einem nicht unerheblichen Aufgeld (→Agio) gehandelt. Einen Anspruch auf Rücknahme des Anteils hat der Anleger bei einem geschlossenen Fonds nicht.

Weitere Fondsarten sind **Geldmarktfonds,** die in kurzfristige Geldmarktpapiere (z. B. Schatzwechsel, Certificates of Deposit, Commercial Papers oder Einlagezertifikate) investieren, und **Future-Fonds,** die in Termin- oder Optionsgeschäfte investieren und neben Financial Futures auch Warentermingeschäfte beinhalten können, wodurch sie ein relativ hohes Anlagerisiko aufweisen. (→auch Hedgefonds, →Dachfonds)

fondsgebundene Lebensversicherung, →kapitalbildende Lebensversicherung, bei der die Höhe der Versicherungsleistung von der Wertentwicklung der in einem Investmentfonds angesparten Einlagen abhängt.

fortlaufende Notierung, auch **variabler Handel,** Kursfeststellung bei Wertpapieren mit regelmäßig hohen Umsätzen. Für Wertpapiere, die zum variablen Handel zugelassen sind, können während der Börsenzeit jederzeit Kurse festgesetzt werden; jedes Papier kann mehrmals an einem Börsentag notiert werden. Zu Beginn der Börsenzeit werden **Anfangskurse,** gegen Ende **Schlusskurse** festgestellt. (Gegensatz: → Einheitskurs)

Franchise [frãˈʃiːzə], *die,* zwischen Versicherungsunternehmen und Versicherungsnehmer vereinbarter Betrag (Selbstbeteiligung), bis zu dem der Versicherungsnehmer den Schaden selbst trägt.

Freistellungsauftrag, von einem Anleger erteilter Auftrag, ihn im Rahmen der zulässigen Grenzen von der direkten Abführung der Quellensteuer (Kapitalertragssteuer bzw. Abgeltungssteuer) durch das Kreditinstitut an das Finanzamt freizustellen. In Deutschland beträgt der **Freibetrag** einschließlich Werbungskostenpauschale für Einkünfte aus Kapitalvermögen bei Einzelveranlagung 801 Euro und bei gemeinsamer Veranlagung 1602 Euro pro Jahr.

Freiverkehr, Börsensegment für den Handel mit Wertpapieren, die nicht zum regulierten Markt zugelassen sind (v. a. Aktien kleinerer Unternehmen, Zertifikate, Optionsscheine und die meisten Auslandswerte), seit 2005 als **Open Market** bezeichnet.

Fungibilität, Vertretbarkeit; sie ist ein wesentliches Merkmal der Börse und beinhaltet die Austauschbarkeit von vertretbaren Sachen und Rechten wie Wertpapieren und Devisen. Soweit bei Waren keine vollständige Gleichmäßigkeit erwartet werden

kann, besteht die Möglichkeit, sie **durch Typisierung fungibel** und damit für den Börsenhandel geeignet zu machen. Die Fungibilität von Aktien kann dadurch aufgehoben werden, dass sie als vinkulierte Namensaktien emittiert werden.

Futures ['fju:tʃəz], Terminkontrakte auf ein bestimmtes Gut. Terminkontrakte auf Waren werden **Commodity Futures**, solche auf Aktien, Anleihen, Indizes und Währungen →Financial Futures genannt. Sie verpflichten den Käufer, zu einem festgelegten Termin Waren oder Finanzprodukte zu beziehen. Ist man einen **Future short**, d. h., hat man einen Future verkauft, so ist man zur Lieferung des entsprechenden Underlyings verpflichtet. Die Verpflichtung, etwas zu liefern oder eine Lieferung anzunehmen, kann man nur umgehen, indem man die Position glattstellt (→Glattstellen).

Garantiefonds, Investmentfonds, bei dem durch die garantierte Rückzahlung des eingesetzten Kapitals das Verlustrisiko beschränkt wird.

Gebot, Angebot des Käufers an der Börse, welches nur sofort angenommen werden kann. Im Unterschied zum zeitlich befristeten Auftrag, der sich nur an einen Makler richtet, gilt das Gebot für alle im Börsensaal am Handel teilnehmenden Personen. (Gegensatz: →Offerte)

Geld, →Kurszusätze.

Geldmarkt, Markt für alle kurzfristigen Kredite im Gegensatz zum →Kapitalmarkt. Im engeren Sinn wird damit der Markt bezeichnet, auf dem zwischen Kreditinstituten **(Interbankengeldmarkt)** oder zwischen Kreditinstituten und der Zentralbank **(Re-**

gulierungsgeldmarkt) Finanzmittel kurzer Fristigkeiten gehandelt werden.

Geldmarktpapiere, auch **Liquiditätspapiere,** kurzfristige Schuldtitel der öffentlichen Hand, die am Geldmarkt gehandelt werden. In diese Kategorie gehören **Schatzwechsel** und unverzinsliche **Schatzanweisungen.**

Geldmenge, Bestand der in einer Volkswirtschaft zum Geld zählenden Aktiva, v. a. die in Umlauf befindlichen Banknoten und Münzen **(Bargeld)** sowie die Sichteinlagen bei Banken **(Buchgeld)** ohne die Kassenbestände der Kreditinstitute und deren Guthaben bei der Notenbank **(Barreserve).**

Geldvermögen, der Bestand an Bar- und sofort verfügbarem Buchgeld (Spar- und Termingelder, Geldanlagen bei Bausparkassen und Versicherungen, Aktien, festverzinsliche Wertpapiere usw.).

genehmigtes Kapital, maximaler Nennbetrag einer künftigen Kapitalerhöhung durch Ausgabe von Aktien. Es darf 50% des bisherigen gezeichneten Kapitals nicht überschreiten. Der geplanten Kapitalerhöhung einer AG müssen mindestens drei Viertel der Inhaber des vertretenen Grundkapitals in der Hauptversammlung zustimmen.

Generally Accepted Accounting Principles ['dʒenərəli ək'septɪd ə'kaʊntɪŋ 'prɪnsəpəlz], Abkürzung **GAAP,** amerikanische Bilanzierungsvorschriften für Unternehmen. Die GAAP-Regeln für den Jahresabschluss sind für alle Unternehmen verbindlich, die an einer US-Börse notiert sind.

General Standard ['dʒenərəl 'stændəd], 2003 eingeführtes Marktsegment der Deutschen Börse AG für Unternehmen, die bestimmte in Deutschland gesetzlich vorgeschriebene Mindesttransparenzstandards (z. B. Ad-hoc-Publizität, Jahresabschluss, halbjährliche Berichterstattung) erfüllen, nicht aber die strengeren Anforderungen des → Prime Standards.

Genussscheine, börsennotierte Wertpapiere, die verschiedene vermögensrechtliche Ansprüche **(Genussrechte)** gegenüber einem Unternehmen verbriefen, z. B. Anspruch auf Anteil am Reingewinn und Liquidationserlös oder auf den Bezug neuer Genussscheine und gegebenenfalls ein Wandlungsrecht in Aktien. Sie zählen zum Fremdkapital, sofern dem Genussscheininhaber ein Kündigungsrecht eingeräumt wird und er nicht am Verlust beteiligt ist, ansonsten zum Eigenkapital.

geregelter Markt, → regulierter Markt.

Geschäftsbanken, auch **Universalbanken,** allgemein tätige Kreditinstitute, im Gegensatz zu Spezialbanken (**Pfandbriefbanken,** → Investmentbanken). In Deutschland lassen sich die Geschäftbanken in private, öffentlich-rechtliche (Landesbanken, Sparkassen) und genossenschaftliche Kreditinstitute (z. B. Volks- und Raiffeisenbanken) einteilen.

Gewinnbeteiligung, bei Lebensversicherungen gesetzlich geregelte Verteilung der erwirtschafteten Überschüsse an die Versicherten. In geringerem Umfang sind Gewinnbeteiligungen auch in der Kranken-, Unfall- und Kfz-Versicherung üblich.

Gewinnmitnahme, Realisierung von Kursgewinnen von Wertpapieren durch einen Anleger.

Gewinnobligation, Wertpapier, dessen Inhaber als Gläubiger der AG einen festen Zins erhält und am Reingewinn des Unternehmens beteiligt ist oder eine – meist nach oben begrenzte –

gewinnabhängige Zusatzverzinsung erhält. Aktionäre haben bei der Ausgabe von Gewinnobligationen ein Bezugsrecht.

Gewinnwarnung, Mitteilung einer börsennotierten AG, dass der künftige Gewinn niedriger als ursprünglich erwartet ausfallen dürfte.

gezeichnetes Kapital, Bestandteil des bilanziellen Eigenkapitals, der den Betrag umfasst, auf den die Haftung der Gesellschafter beschränkt ist. Bei einer AG entspricht dieser Betrag dem **Grundkapital**, bei einer GmbH wird er als **Stammkapital** bezeichnet.

Girokonto ['ʒi:ro-], für die laufende Abwicklung von Bankgeschäften geführtes → Kontokorrentkonto. Girokonten werden nicht oder nur gering verzinst.

Giroverkehr ['ʒi:ro-], bargeldloser Zahlungsverkehr. Beim Giroverkehr werden aufgrund eines Überweisungsvertrags Beträge auf den Konten der Bankkunden ab- und zugeschrieben (**Lastschrift, Gutschrift**). Die für buchungsmäßige Übertragungen verfügbaren Beträge heißen Buchgeld. Neben dem Überweisungsvertrag kann auch mit **Einzugsermächtigung, Abbuchungsauftrag** oder **Scheck** über das Buchgeld verfügt werden.

Glattstellen, Kauf oder Verkauf von Wertpapier- oder Devisenbeständen, um eine bestehende Verpflichtung durch ein Gegengeschäft auszugleichen.

Gläubiger, auch **Kreditor**, jemand, der kraft eines Schuldverhältnisses berechtigt ist, von einem anderen (dem → Schuldner) eine Leistung zu fordern.

Going public ['gəʊɪŋ 'pʌblɪk], *das,* Börsengang, Umwandlung einer Personengesellschaft in eine AG mit anschließender Aufnahme an einer Wertpapierbörse. Es bedeutet auch die Neuaufnahme einer AG an einer Wertpapierbörse ohne vorherige Börsennotierung.

goldene Bankregel, Liquiditätsgrundsatz der Banken, nach dem die gewährten Kredite ihrem Umfang und ihrer Fälligkeit nach den der Bank zur Verfügung stehenden Refinanzierungsmitteln entsprechen sollen.

goldene Bilanzregel, Finanzierungsregel, wonach langfristig gebundene Anlagegüter durch langfristiges Kapital (v. a. Eigen- und Fremdkapital) gedeckt sein sollten, während kurzfristiges Umlaufvermögen durch kurzfristiges Kapital finanziert werden kann.

Gratisaktien, fälschliche Bezeichnung für → Berichtigungsaktien.

grauer Kapitalmarkt, risikoreicher, unreglementierter Kapitalmarkt, auf dem Objekte gehandelt werden, die nicht auf dem organisierten Kapitalmarkt vertreten sind. Nachteile gegenüber dem **organisierten Kapitalmarkt** sind die fehlende Markttransparenz und die fehlende Standardisierung der Kapitalobjekte und -transaktionen.

Greenmail ['gri:nmeɪl], Abwandlung des → Leveraged Buyout, bei dem durch Spekulanten Minderheitsbeteiligungen an Aktiengesellschaften gekauft werden. Mit der Androhung, das Unternehmen auszuschlachten und insbesondere das Management auszutauschen, soll das Management dazu gebracht werden, die Papiere zu gestiegenen Kursen zurückzukaufen.

Greenshoe ['gri:nʃu:], *der,* im Bookbuilding bei Neuemissionen angewandte Sondervereinbarung. Für den Fall, dass die Nachfrage das Emissionsvolumen überschreitet, werden dem Konsortium vom Emittenten Mehrzuteilungen zu den ursprünglichen Bedingungen zur Verfügung gestellt.

Grundkapital, bei Aktiengesellschaften identisch mit dem **Aktienkapital.** Bei Nennbetragsaktien ist der Aktionär in der Größe des Nennwerts seiner Aktien an diesem Kapital beteiligt, bei nennwertlosen Stückaktien mit einem bestimmten Anteil am Kapital der AG.

Grundschuld, ein Grundpfandrecht, das den Berechtigten ermächtigt, aus dem Grundstück eine bestimmte Geldsumme zu fordern. Im Unterschied zur Hypothek ist die Wirksamkeit der Grundschuld von einer bestimmten Forderung nicht abhängig. Die Grundschuld entsteht durch Einigung und Eintragung ins Grundbuch. Sie kann als **Briefgrundschuld** oder als **Buchgrundschuld** (Erteilung eines Grundschuldbriefs ausgeschlossen) bestellt werden. Fallen Gläubiger- und Schuldnerstellung zusammen (besonders, wenn der Grundschuldgläubiger keine Befriedigung mehr verlangen kann oder der Eigentümer für sich selbst eine Grundschuld bestellt hat), so entsteht eine **Eigentümergrundschuld.** Häufigster Fall der Grundschuld ist die **Sicherungsgrundschuld,** die zur Sicherung einer bestehenden Forderung bestellt wird. Die Grundschuld erlischt durch Aufhebung oder Befriedigung aus dem Grundstück.

Gruppenversicherung, Versicherung einer Personengruppe (Betrieb, Verein oder Verband); diese ist der Versicherungsnehmer. Bei gleicher Versicherungsleistung haben Gruppenversicherungen im Vergleich zur Einzelversicherung aufgrund niedrigerer Kosten des Versicherers geringere Beitragssätze.

Haftpflichtversicherung, Versicherungszweig, der dem Versicherungsnehmer (und mitversicherten Personen) Schutz bei Schadensersatzansprüchen Dritter gewährt. In der Regel werden Personen- und Sachschäden ersetzt, durch besondere Vereinbarungen sind auch Vermögensschäden versicherbar. Die vereinbarten Versicherungssummen stellen die Deckungsgrenze dar. Unterschieden werden Haftpflichtversicherung des Privatbereichs (z. B. Privathaftpflichtversicherung, Haus- und Grundbesitzerhaftpflichtversicherung), Berufshaftpflichtversicherung (z. B. Ärzte, Notare), Betriebshaftpflichtversicherung, Produkthaftpflichtversicherung, Vermögensschadenhaftpflichtversicherung u. a. Formen.

Haftung der Bank, Verpflichtung von Kreditinstituten gegenüber ihren Kunden bei Vorsatz und grober Fahrlässigkeit zu haften. Bei höherer Gewalt besteht keine Haftungspflicht. Bei Depotgeschäften haftet die Bank für die **sichere Aufbewahrung** der ihr anvertrauten Wertpapiere. Bei der Vermietung von Schließfächern haftet die Bank u. a. für die Sicherheit des Schließfachs, die **Tresorsicherheit**. Außerdem haftet sie bei Fehlern in der Anlageberatung.

Handel per Erscheinen, Börsenhandel mit Wertpapieren, die noch nicht lieferbar sind.

Handling Fee ['hændlɪŋ'fi:], *die,* Gebühr, die einer Bank für die Abwicklung eines Kreditgeschäfts an internationalen Finanzmärkten gezahlt wird. Sie kann entweder zu Beginn oder über die Laufzeit verteilt in Rechnung gestellt werden.

Hausbank, Kreditinstitut, bei dem ein Kunde den überwiegenden Teil seiner Bankgeschäfte abwickelt.

Hausse [(h)o:s], *die,* stärkerer und länger anhaltender Anstieg aller oder einzelner Wertpapier-, Devisen- oder Rohstoffkurse (Gegensatz: → Baisse). Der **Haussier** (englisch **Bull**) spekuliert »à la hausse«, d. h. auf steigende Börsenkurse.

Hebelwirkung, → Leverage-Effekt.

Hedgefonds ['hedʒ-], Investmentfonds bzw. -gesellschaften, die insbesondere derivative Finanzinstrumente (z. B. Optionen, Futures) vorwiegend zu spekulativen Zwecken einsetzen, gegebenenfalls **Leerverkäufe** vornehmen und/oder durch Kreditfinanzierung mit einem hohen Verschuldungsgrad operieren (→ Leverage-Effekt) sowie ein relativ hohes Mindestanlagevolumen und lange Haltefristen voraussetzen. Im Gegensatz zu anderen Investmentfonds, die darauf ausgerichtet sind, bei steigenden Marktpreisen einen bestimmten Vergleichsmaßstab zu übertreffen, versuchen Hedgefonds auch, bei sinkenden Preisen Gewinne zu erwirtschaften. Formal können dabei fünf grundsätzliche Anlagestrategien unterschieden werden:

Long-short-Strategien, bei denen vermeintlich überbewertete Titel leer verkauft und unterbewertete Papiere gekauft werden; **Arbitragestrategien,** die Marktineffizienzen nutzen; **Event-driven-Strategien,** die auf bestimmte Ereignisse (z. B. Insolvenzen, Fusionen) spekulieren; **Emerging-Market-Strategien,** die auf die Kapitalmärkte ausgewählter Schwellenländer ausgerichtet sind; **Global-macro-Strategien,** die auf bestimmte makroökonomische Trends setzen, die sich auf die Entwicklung umfassender Marktindizes auswirken.

Hedgefonds gelten aufgrund der großen Hebelwirkung der derivativen Produkte als außerordentlich risikoträchtige Anlageform. In Deutschland sind Hedgefonds seit 2004 als **Sondervermögen mit zusätzlichen Risiken** unter bestimmten Voraussetzungen zugelassen. Zur Begrenzung des Risikos können Privatanleger nur Dachfonds wählen, die ihrerseits in verschiedene Hedgefonds investieren dürfen oder Einzelfonds auf dem Wege der Privatplatzierung erwerben. Ein öffentlicher Vertrieb von Einzelhedgefonds an Privatanleger ist in Deutschland unzulässig.

Hedging ['hedʒɪŋ], *das,* auch **Hedgegeschäft,** Sicherungsgeschäft zur vollständigen oder partiellen Ausschaltung von Preisrisiken bei börsengängigen Objekten (Kurs-, Zins- oder Wechselkursrisiken) durch Eingehen einer kompensatorischen Gegenposition.

Homebanking ['həʊmbæŋkɪŋ], *das,* die Abwicklung von Bankgeschäften mittels Telefon oder Onlinediensten von zu Hause aus. Inhaltlich kommen Informationsdienste (Wertpapierkurse u. a.) ebenso infrage wie kontobezogene Leistungen (z. B. Kontostandabfrage, Überweisungen, Erteilung von Daueraufträgen); Letztere verlangen jedoch eine Legitimationsprüfung.

Hypothek, zu den Grundpfandrechten zählendes beschränktes dingliches Grundstücksrecht zur Sicherung einer Forderung. Ein Grundstück oder Miteigentumsanteil kann mit einer Hypothek belastet werden, sodass an den Berechtigten **(Hypothekengläubiger)** wegen einer ihm zustehenden Forderung bei Eintritt des Sicherungsfalles eine bestimmte Geldsumme aus dem Grundstück zu zahlen ist. Hypothekarisch belastbar ist auch das **Erbbaurecht.** Die Hypothek gewährt kein Besitzrecht am Grundstück; sie ist streng akzessorisch, d. h., sie setzt stets das Bestehen **(Valutierung)** der Forderung voraus, zu deren Sicherung sie dienen soll. **Hypothekenschuldner** und Schuldner der gesicherten Forderung brauchen nicht identisch zu sein. Die Hypothek entsteht durch Einigung des Gläubigers und des Grundstückseigentümers und Eintragung in das Grundbuch.

IBAN, Abkürzung für **I**nternational **B**ank **A**ccount **N**umber, internationale Kontonummer. Sie setzt sich aus dem Länderkennzeichen, einer zweistelligen Prüfziffer, der Bankleitzahl und der nationalen Kontonummer zusammen. Durch den einheitlichen **IBAN-Standard** sowie die → internationale Bankidentifikation können Bank und Konto trotz unterschiedlicher nationaler Zahlungsverkehrssysteme eindeutig identifiziert werden.

Immobilienfonds, Fonds, die in Immobilien investieren. Die Anleger werden auf diese Weise zu Anteilseignern an Sachwerten. Ausschüttungen auf Immobilienzertifikate werden in der Regel aus **Mieteinnahmen von Objekten** aus dem Fondsbesitz erwirtschaftet. Darüber hinaus sind Wertzuwächse des Fondsvermögens möglich. Immobilienzertifikate sind insbesondere für Anleger mit hoher Steuerprogression geeignet. Die Anteile können über Banken ge- und verkauft werden.

Indexanleihe, Anleihe, bei der die Höhe der Zinszahlungen und/oder der Rückzahlungspreis an einen Index (z. B. Goldpreis, Verbraucherpreisindex, Aktienindex) gebunden wird, um Gläubiger vor Geldwertverschlechterungen zu schützen.

Indexfonds, Investmentfonds, der einen bestimmten Wertpapierindex (z. B. den DAX®) nachbildet. Das Fondsvermögen wird in gleicher Gewichtung in diejenigen Aktien investiert, aus denen sich auch der betreffende Index zusammensetzt. Es erfolgt keine Umschichtung der im Fonds enthaltenen Titel, da der Index die Auswahl der Aktien vorgibt **(passives Portfoliomanagement)**; damit entfallen die die Anlegerrendite reduzierenden Analyse- und Transaktionskosten.

Indexoptionsschein, →Optionsschein, der einen Index (in der Regel einen Börsenindex) als →Underlying hat. Ein **Call-Indexoptionsschein** beinhaltet die Berechtigung zum Kauf eines Aktienportfolios bzw. eines Indexportfolios, während **Put-Indexoptionsscheine** die Berechtigung zum Verkauf derselben einschließen.

Index-Terminkontrakte, →Financial Futures.

Indexzertifikat, auch **Indexpartizipationsschein,** an der Börse notiertes und täglich handelbares Wertpapier, das die Entwicklung eines Aktienindexes exakt nachvollzieht. Es verbrieft dem Käufer ein Recht auf Zahlung eines Geld- oder Abrechnungsbetrages, dessen Höhe vom Wert des zugrunde liegenden Indexes am Rückgabe- oder Fälligkeitstag abhängt. Während der Laufzeit erfolgen keine Zinszahlungen oder sonstigen Ausschüttungen.

Indikator, Kennzahl, die einen Vergleich unterschiedlicher Aktienwerte ermöglichen soll. In der Fundamentalanalyse von Wertpapieren wichtige Indikatoren sind das →Kurs-Gewinn-Verhältnis (KGV), das →Kurs-Cashflow-Verhältnis (KCV) und die →Dividendenrendite.

Individualversicherung, Sammelbegriff für alle privatrechtlichen Einzel- oder Gruppenversicherungsverträge.

Inhaberpapier, Wertpapier, bei dem das verbriefte Recht von jedem Inhaber ohne Nachweis der Verfügungsberechtigung geltend gemacht werden kann, im Gegensatz zum **Orderpapier** (→ Namensaktien), bei dem der Berechtigte namentlich aufgeführt wird. Inhaberpapiere sind z. B. Pfandbriefe, Obligationen, Inhaberaktien und Lotterielose.

Initial Public Offering, Abkürzung **IPO,** »erstes öffentliches Angebot«, bezeichnet speziell die Erstinanspruchnahme des inländischen Aktienmarktes im Wege einer Kapitalerhöhung oder durch eine Umplatzierung, d. h., es werden erstmals Aktien eines Unternehmens interessierten Anlegern zum Kauf angeboten. Mit einem IPO sind im Allgemeinen eine Börsenzulassung des Aktienkapitals und die Aufnahme der Börsennotierung verbunden.

Inkasso, Einziehung von Außenständen (Rechnungen, Wechsel, Schecks). Das **Inkassogeschäft** wird von selbstständigen Unternehmen **(registrierten Inkassobüros)** und von den Banken betrieben. Das **Inkasso von Sparbüchern** führen Banken durch, wenn ein Kunde den Auftrag gibt, ein bei einer anderen Bank geführtes Sparbuch einzuziehen.

innerer Wert, nach bestimmten Bewertungsvorschriften errechneter Wert eines Wertpapiers im Gegensatz zu seinem Marktwert (z. B. Börsenwert).
Bei **Aktien** wird er als Ertrags- oder Substanzwert berechnet. Beim Ertragswert werden die zukünftigen Erträge kapitalisiert. Zur Berechnung des Substanzwerts werden das bilanzierte

Nettovermögen (Buchwert) und die (geschätzten) stillen Reserven herangezogen. Diese ermittelten Werte werden dann auf die Anzahl der emittierten Aktien bezogen.
Der innere Wert einer **Option** errechnet sich aus der Differenz zwischen Basispreis und aktuellem Kurs des Basiswerts (Kassapreis) im Falle einer Kaufoption (→Call) bzw. aus der Differenz zwischen Kassapreis und Basispreis bei einer Verkaufsoption (→Put).

Insidergeschäfte [ˈɪnsaɪdə-], Wertpapiergeschäfte, die geeignet sind, Insidern wirtschaftliche Vorteile aus der Nutzung ihres Insiderwissens zu verschaffen; in Deutschland seit 1994 verboten. Es ist untersagt, unter Verwendung von →Insiderinformationen Insiderpapiere für eigene oder fremde Rechnung zu erwerben oder zu veräußern, einem anderen eine Insiderinformation unbefugt mitzuteilen oder zugänglich zu machen, einem anderen auf der Grundlage einer Insiderinformation den Erwerb oder die Veräußerung von Insiderpapieren zu empfehlen oder einen anderen auf sonstige Weise dazu zu verleiten.

Insiderinformationen [ˈɪnsaɪdə-], konkrete Informationen über nicht öffentlich bekannte Umstände, die sich auf Emittenten von Insiderpapieren oder auf die Insiderpapiere selbst beziehen und geeignet sind, im Falle ihres öffentlichen Bekanntwerdens den Börsen- oder Marktpreis erheblich zu beeinflussen.

institutionelle Anleger, Investoren am Kapitalmarkt, die über hohe Mittel verfügen. Im Gegensatz zum **Kleinanleger** als natürliche Person handelt es sich bei ihnen um juristische Personen

(z. B. Banken, Versicherungen, Kapitalanlagegesellschaften, Pensionsfonds).

Interbankrate, Zinssatz, zu dem Geldgeschäfte zwischen Banken am Geldmarkt getätigt werden (→ EURIBOR).

Interest-Rate-Futures [-reɪt:ˈfju:tʃəz], auch **Zins-Futures,** an der Börse gehandelte Zinstermingeschäfte. Hierbei wird vertraglich vereinbart, dass ein standardisiertes, meist synthetisches und am Kapitalmarkt gehandeltes Wertpapier oder eine standardisierte, meist **synthetische Einlage** zu einem im Voraus vereinbarten Preis an einem festgelegten Erfüllungstermin entweder anzunehmen oder zu liefern ist. Synthetisch bedeutet in diesem Fall, dass das dem Interest-Rate-Future zugrunde liegende Papier in dieser Form nicht existiert, aber in seiner Ausstattung an ein existierendes angelehnt ist, welches in der Regel zur Erfüllung des Termingeschäfts herangezogen wird.

Gegenstand der Zinstermingeschäfte, mit denen man sich gegen **Zinsänderungsrisiken** absichern kann, sind bestimmte festverzinsliche Geld- oder Kapitalmarktpapiere oder Einlagen ausgewählter Banken mit für die Dauer des Zinstermingeschäfts **fester Verzinsung.**

Die Spezifikationen des Zinstermingeschäfts werden durch die jeweilige Börse festgelegt, an der die Interest-Rate-Futures notiert werden (in Deutschland z. B. an der Eurex). Hier werden Zinstermingeschäfte auf langfristige Bundesanleihen – **(Bund-Futures),** auf mittelfristige Bundesobligationen **(Bobl-Futures),** auf kurzfristige Schatzbriefe des Bundes mit einer Laufzeit von 1 ¾ bis 2 ¼ Jahren **(Schatz-Futures)** und auf die Zinssätze für einmonatiges und dreimonatiges Eurotermingeld **(Euromarkt-Futures)** gehandelt.

Interimsdividende, Dividendenzahlung während des laufenden Geschäftsjahrs, auch die in den USA übliche vierteljährlich ausgeschüttete **Quartalsdividende.**

internationale Bankidentifikation, englisch **B**ank **I**dentifier **C**ode, Abkürzung **BIC,** Code zur eindeutigen Identifikation eines Finanzinstituts zur Rationalisierung des grenzüberschreitenden Zahlungsverkehrs zwischen europäischen Ländern.

internationale Kontonummer, →IBAN.

Internetbörse, Zusammenführung von Kauf- und Verkaufsaufträgen für Wertpapiere und andere handelbare Gegenstände im Internet ohne Zwischenschaltung eines Wertpapierhändlers oder einer Bank. Als wesentliche Vorteile gelten die geringeren Transaktionskosten und die Möglichkeit, Aufträge rund um die Uhr erteilen zu können.

Intraday-Handel [-ˈdeɪ-], Kauf und Verkauf einer Wertpapier- oder Devisenposition innerhalb eines Börsentages (→Daytrader).

Investmentbanken, Bankinstitute, die auf den Handel von Wertpapieren oder wertpapierähnlichen Finanzinnovationen, die Verwaltung von Vermögen sowie auf Beratungsdienstleistungen im Zusammenhang mit Börsengängen und Fusionen von Unternehmen spezialisiert sind. Sie entstanden in der Folge der Weltwirtschaftskrise Anfang der 1930er-Jahre in den USA. Die Schaffung von Investmentbanken, denen die Aufnahme von Kundeneinlagen verboten war, sollte risikoreiche Anlagen von Kundeneinlagen bei den →Geschäftsbanken verhindern. Eine Trennung von Geschäftsbanken und Investmentbanken bestand in Europa nie. In den USA wurde sie 1999 wieder aufgehoben. Seitdem begannen sich die Geschäftsfelder von Universalbanken und Investmentbanken stärker zu vermischen.

Investmentfonds, ein von einer **Kapitalanlagegesellschaft** (Abkürzung KAG, → Investmentgesellschaft) verwaltetes Sondervermögen, das aus Wertpapieren oder Immobilien besteht, die durch die von Fondsanlegern eingezahlten Gelder finanziert werden. Die Anteile der Anleger am Sondervermögen sind durch Anteilscheine **(Investmentzertifikate)** verbrieft. Investmentfonds haben den Vorteil, dass Anleger schon mit kleinen Beträgen – sei es mittels einer einmaligen Anlage oder in Form eines Fondssparplans – Anteile an einer Vielzahl verschiedener Papiere erwerben und so das Anlagerisiko streuen können.

Investmentfonds lassen sich in zwei Gruppen unterteilen, die Publikumsfonds und die Spezialfonds. Während **Publikumsfonds** dem breiten Anlegerpublikum angeboten werden, sind an den **Spezialfonds** mittels schriftlicher Vereinbarung mit der Kapitalanlagegesellschaft nicht mehr als zehn Anteilsinhaber – allesamt keine natürlichen Personen – beteiligt. Die Übertragung von Fondsanteilen kann bei einem Spezialfonds nur mit Zustimmung der Kapitalanlagegesellschaft erfolgen.

Investmentgesellschaft, auch **Kapitalanlagegesellschaft (KAG),** Unternehmen, das Kapital von Anlegern in bestimmten handelbaren und vertretbaren Werten (in- und/oder ausländische Wertpapiere, Geldmarktpapiere, Immobilien, Beteiligungen) investiert (→ Investmentfonds). Mit dem Kauf von Investmentzertifikaten (meist **klein gestückelte Anteilscheine**) erwirbt der Anleger einen **Eigentumsanteil am Fondsvermögen.**

ISIN, Abkürzung für **I**nternational **S**ecurity **I**dentification **N**umber, zwölfstelliger internationaler Identifikationscode für Wertpapiere.

i-Tan, Abkürzung für **i**ndizierte **T**rans**a**ktions**n**ummer, nummerierte → TAN zur Legitimationsprüfung beim Homebanking.

Jumbo-Pfandbrief, Weiterentwicklung des → Pfandbriefs, der üblicherweise von einem Bankenkonsortium platziert wird. Die wesentlichen Kriterien sind:

1. Ein Mindestemissionsvolumen von 1 Mrd. Euro (bei der Erstemission kann das Volumen 750 Mio. Euro betragen, allerdings ist der Emittent dann verpflichtet, innerhalb von 180 Kalendertagen auf mindestens 1 Mrd. Euro zu erhöhen);
2. ausschließliche Ausgabe festverzinslicher Pfandbriefe, mit jährlich nachträglichen Zinszahlungen und Fälligkeit am Laufzeitende;
3. die Bestimmung von mindestens fünf Marketmakers, die verpflichtet sind, während der üblichen Handelszeiten simultan Geld- und Briefkurse im Volumen bis zu 15 Mio. Euro zu stellen;
4. die unverzügliche Einführung an einem organisierten Markt in einem EU-Mitgliedsland oder in einem anderen Vertragsstaat des Europäischen Wirtschaftsraums.

junge Aktien, Aktien, die im Rahmen einer Kapitalerhöhung einer AG emittiert werden. Sie werden zuerst den Altaktionären angeboten, die aufgrund ihrer Bezugsrechte ein **Vorkaufsrecht** besitzen. Üben die Aktionäre ihre Bezugsrechte nicht aus, werden die verbliebenen jungen Aktien an der Börse gehandelt, bis diese den Status (volle Dividendenberechtigung) der Altaktien erreicht haben.

Junkbonds ['dʒʌŋjk-], »Ramschanleihen«, hochverzinsliche, risikoreiche Anleihen.

Kapitalanlagegesellschaft, → Investmentgesellschaft.

Kapitalbeschaffung, alle Maßnahmen, die zur Finanzierung eines Unternehmens dienen, mit dem Ziel, dessen Kapitalbedarf auf der Basis eines Finanzplans zu decken. Nach der Art des Kapitals lassen sich die Beschaffung von Geld und die Beschaffung von Sachgütern unterscheiden. Nach der Herkunft des Kapitals werden die Beschaffung von **Eigenkapital** – in Form von Beteiligung und Einlagen – und die Beschaffung von **Fremdkapital** – über Kredite, Schuldscheindarlehen und Anleihen – unterschieden.

kapitalbildende Lebensversicherung, gemischte Lebensversicherung aus einer → Todesfallversicherung und einer → Erlebensfallversicherung. Die Versicherungssumme wird fällig mit dem Tod des Versicherten, jedoch spätestens mit Ablauf des Versicherungsvertrags. Sie ist die gebräuchlichste Form der Lebensversicherung in Deutschland.

Kapitaleinkünfte, Erträge aus Kapitalvermögen, v.a. Zinsen, Gewinnanteile (Dividenden) und sonstigen Bezügen aus Genussrechten sowie Anteilen an Kapitalgesellschaften und Genossenschaften.

Kapitalerhöhung, Aufstockung des Eigenkapitals einer AG, in der Regel durch Emission von neuen Aktien oder durch Gesellschaftsmittel ermöglicht. Durch ihre Bezugsrechte können sich die **Altaktionäre** an der Kapitalerhöhung beteiligen (Kauf neuer, zusätzlicher Aktien) und damit ihre prozentuale Beteiligung an der AG halten. Bei einer Kapitalerhöhung durch Umwandlung von Rücklagen in Grundkapital erhalten die Altaktionäre sog. → Berichtigungsaktien.

Kapitalertragsteuer, besondere Erhebungsform der Einkommen- bzw. Körperschaftsteuer, die durch Steuerabzug (→ Quellensteuer) erhoben wurde. In Deutschland wurde die Kapitalertragsteuer 2009 durch die → Abgeltungsteuer ersetzt.

Kapitalflucht, die Übertragung von Vermögen, v. a. liquiden Mitteln, ins Ausland bzw. in eine ausländische Währung. Mögliche Gründe für die häufig illegale Kapitalverlagerung privater Anleger sind z. B. Überlegungen zur Sicherheit, Rentabilität oder Besteuerung **(Steuerflucht)**.

Kapitalmarkt, Markt für langfristige Kredite und Kapitalanlagen (Hypothekenkredite, Investitionskredite, langfristige Finanzierungskredite, finanzielle Beteiligungen), im engeren Sinn für langfristige Wertpapiere, der in **Rentenmarkt** oder **Anleihemarkt** (für festverzinsliche Wertpapiere) und **Aktienmarkt** (für Beteiligungspapiere) unterteilt wird.

Beim Renten- und Aktienmarkt wird zwischen dem Markt für Neuemissionen **(Primärmarkt)** und dem Markt für im Umlauf befindliche Wertpapiere **(Sekundärmarkt)** unterschieden. Die Wertpapiermärkte an den Börsen werden auch als **organisierte Kapitalmärkte** bezeichnet. (Gegensatz: → Geldmarkt)

Kapitalmarktpapiere, Bezeichnung für am Kapitalmarkt gehandelte Wertpapiere. Dazu zählen v. a. Aktien und Anleihen.

Kaskoversicherung, Sammelbezeichnung für verschiedene Formen der Fahrzeugversicherung, z. B. bei der Transport- und der → Kraftfahrtversicherung.

Kassakurs, → Einheitskurs.

Kassamarkt, Börsensegment für Kassageschäfte, bei denen im Gegensatz zum Terminmarkt Erfüllung, also Lieferung und Abnahme der Wertpapiere, sowie Bezahlung sofort erfolgen. »Sofort« bedeutet gemäß den deutschen Börsenusancen spätestens am zweiten Werktag nach Geschäftsabschluss.

Kaufoption, → Call.

Kennzahlen, Zahlen zur Beurteilung und Bewertung insbesondere von Aktien. Wichtige Kennzahlen sind die → Dividendenrendite, das → Kurs-Gewinn-Verhältnis (KGV) und das → Kurs-Cashflow-Verhältnis (KCV).

Kernkapitalquote, wichtige betriebswirtschaftliche Kennzahl bei Kreditinstituten. Die Quote gibt an, zu welchem Anteil das Kreditvolumen durch Eigenmittel gedeckt ist. Dabei wird das Kernkapital, bestehend aus eingezahltem Grundkapital plus Rücklagen, zum Volumen der gewährten Kredite in Beziehung gesetzt.

KISS, Abkürzung für **K**urs **I**nformations **S**ervice **S**ystem, System, das die Kurse aller an der Frankfurter Wertpapierbörse gehandelten Wertpapiere in Echtzeit an die Makler übermittelt.

Kleinkredit, → Konsumentenkredit.

Kommissionsgeschäft, Rechtsgeschäft, durch das ein Kaufmann **(Kommissionär)** es übernimmt, Waren oder Wertpapiere im eigenen Namen, aber auf Rechnung eines Dritten (**Kommittent**) zu kaufen oder zu verkaufen. Der Kommissionär hat Anspruch auf Provision und Aufwendungsersatz, gegebenenfalls ein Pfandrecht an den Waren für seine Ansprüche, der Kommittent hat Auskunfts- und Herausgabeansprüche.

Kompensation, Verrechnung von Kauf- und Verkaufsaufträgen für ein bestimmtes Wertpapier durch die Bank als Kommissionär. Überschießende Salden werden als Aufträge über die Börse abgewickelt. Seit 1968 sind die Banken laut allgemeinen Geschäftsbedingungen verpflichtet, Wertpapieraufträge von Kunden generell über die Börse auszuführen.

Konsolidierung, Nachgeben von Aktienkursen nach einem vorangegangenen starken Kursanstieg. Sie bewirkt einen Rückgang oder eine Seitwärtsbewegung der Kurse.

Konsortium, zeitlich befristeter Zusammenschluss rechtlich und wirtschaftlich selbstständig bleibender Unternehmen, der **Konsorten,** zur Durchführung eines bestimmten Geschäfts, des **Konsortialgeschäfts.** Bei Neuemissionen sorgt ein **Bankenkonsortium** unter der Führung eines Bankinstituts, des **Konsortialführers,** für die Platzierung der neuen Aktien im Rahmen einer vertraglichen Vereinbarung.

Konsumentenkredit, auch **Kleinkredit,** kurz- bis mittelfristiger Kredit an private Haushalte zur Finanzierung von Konsumgütern. Konsumentenkredite umfassen auch die Inanspruchnahme von Kreditkarten und Debetsalden auf Kontokorrentkonten im Rahmen eines Dispositionskredits sowie die Nutzung von Teilzahlungs- bzw. Ratenkrediten.

Konto, im Bankwesen die für den Kunden geführte Rechnung über Zahlungsein- und -ausgänge (Geldkonten wie **Kontokorrentkonten, Terminkonten, Währungskonten**) oder über Bestandsveränderungen **(Depotkonten)**.

Kontoabschluss, vierteljährliche, häufig auch monatliche Abrechnung eines → Kontokorrentkontos über die Entgelte der Bank sowie eventuelle Zinsen (Guthabenzinsen, Zinsen für einen in Anspruch genommenen → Dispositionskredit).

Kontokorrentkonto, Konto, dem ein meist formlos geschlossener Kontokorrentvertrag zugrunde liegt und auf dem alle gegenseitigen Forderungen und Verbindlichkeiten zweier Parteien im Rahmen einer Geschäftsbeziehung erfasst werden. Forderungen und Verbindlichkeiten auf dem Kontokorrentkonto werden in regelmäßigen Abständen aufgerechnet (→ Kontoabschluss) und gelten bis auf den festgestellten Saldo als getilgt.

Kontokorrentkredit, von einem Kreditinstitut im Rahmen des Kontokorrentgeschäfts dem Kunden vertraglich zugesagter Höchstbetrag **(Kreditlimit),** bis zu dem er über sein Guthaben hinaus verfügen darf (→ Dispositionskredit).

Kontrakt, v. a. bei **Termingeschäften** üblicher Vertrag mit standardisierten Vereinbarungen, der an der Börse gehandelt wird.

Körperschaftsteuer, Steuer auf Gewinne bestimmter Unternehmensformen (AG, GmbH u. a.). Der Körperschaftsteuersatz für einbehaltene und ausgeschüttete Gewinne beträgt einheitlich 25%. Ausgeschüttete Gewinne (→ Dividenden) werden beim Empfänger nochmals der Abgeltungsteuer unterworfen.

Kraftfahrtversicherung, Sammelbezeichnung für Kraftfahrzeug-Haftpflichtversicherung, Fahrzeugversicherung und Kraftfahrt-Unfallversicherung.

Die **Kraftfahrzeug-Haftpflichtversicherung** befriedigt begründete Schadensersatzansprüche für Personen-, Sach- und Vermögensschäden aus dem Gebrauch eines Kraftfahrzeugs, die aufgrund gesetzlicher Haftung gegen die Versicherten geltend gemacht werden. Für Fahrzeughalter in der EU ist sie eine Pflichtversicherung.

Die **Fahrzeugversicherung** (Kaskoversicherung) versichert Schäden durch Zerstörung, Beschädigung oder Verlust des Kraftfahrzeugs. Als Fahrzeugteilversicherung **(Teilkaskoversicherung)** deckt sie Schäden durch Brand, Explosion, Diebstahl, Sturm, Hagel, Blitzschlag, Überschwemmung, Glasbruch, Zusammenstoß mit Haarwild sowie Kabelkurzschlüsse, als Fahrzeugvollversicherung **(Vollkaskoversicherung)** darüber hinaus Schäden durch Unfall sowie durch mut- und böswillige Handlungen fremder Personen.

Die **Kraftfahrt-Unfallversicherung** (Insassenunfallversicherung) entspricht im Wesentlichen einer privaten Unfallversicherung. Sie entschädigt nach Unfällen die Insassen eines Fahrzeugs bei Gesundheitsschäden oder Tod.

Kredit, zeitlich begrenzte Überlassung einer Geldsumme gegen Entgelt **(Zins)** zwischen einem **Kreditgeber** (→ Gläubiger) und einem **Kreditnehmer** (→ Schuldner). Als Kreditgeschäft wird jedes Verpflichtungsgeschäft bezeichnet, aufgrund dessen der Kreditgeber sofort, der Kreditnehmer erst zu einem späteren Zeitpunkt Zahlungen zu leisten hat. Grundlage des **Kreditgeschäfts**

ist der Kreditvertrag, in dem die **Konditionen** (Zins, Laufzeit, Tilgung und sonstige Kreditkosten) vereinbart werden.

Kreditinstitute, Unternehmen, die Bankgeschäfte betreiben, deren Geschäftsumfang einen in kaufmännischer Weise eingerichteten Geschäftsbetrieb erfordert, und die der Aufsicht der Bundesanstalt für Finanzdienstleistungsaufsicht unterstehen. Zu den Kreditinstituten gehören Kreditbanken, Realkreditinstitute, Sparkassen, Girozentralen, Kreditgenossenschaften, genossenschaftliche Zentralbanken, Kreditinstitute mit Sonderaufgaben (z. B. KfW-Mittelstandsbank), Teilzahlungskreditinstitute und Kapitalanlagegesellschaften.

Kreditkarte, Ausweiskarte, die den Inhaber berechtigt, bei einem dem Kreditkartensystem angeschlossenen Vertragsunternehmen Waren und Dienstleistungen bargeldlos durch Unterschrift auf der Rechnung zu beziehen. Die Rechnung wird nach Abzug einer Provision durch die **Kreditkartenorganisation** bezahlt, die ihrerseits das Konto des Kreditkarteninhabers mit den aufgelaufenen Rechnungsbeträgen belastet. Bei Erwerb einer Kreditkarte muss die **Kreditwürdigkeit** nachgewiesen und in der Regel ein Jahresbeitrag entrichtet werden. Kreditkarten sind ein weltweit einsetzbares Zahlungsmittel und räumen dem Inhaber einen **zinslosen Kredit** bis zum Abrechnungsstichtag ein.

Kreditklemme, Einschränkung oder Einstellung der Kreditvergabe von Banken aufgrund mangelnder Refinanzierungsmöglichkeiten, z. B. nach Verlusten infolge einer Finanzkrise. Sie trifft unmittelbar Unternehmen und Privatpersonen, die auf Bankkredite angewiesen sind.

Kreditlinie, Kreditlimit, einem Kreditnehmer eingeräumter maximaler Kreditbetrag. In der Finanzwirtschaft wird die Kreditlinie auch als **Kreditplafond**, in der Außenwirtschaft als Kreditfazilität (→ Fazilität) oder → Swing bezeichnet.

Kreditor, → Gläubiger.

Kreditversicherung, Risikoversicherung für den Kreditgeber für die Zahlungsunfähigkeit des Schuldners. Man unterscheidet **Warenkreditversicherung** für Forderungen aus Lieferungen und Leistungen, **Investitionskreditversicherung** für mittelfristige Kredite und **Konsumentenkreditversicherung** für Raten- und Dispositionskredite sowie die Ausgabe von Scheck- und Kreditkarten. Die **Exportkreditversicherung** umfasst als Exportförderungsmaßnahme auch politische Risiken (Hermes Kreditversicherungs-AG).

Kreditwürdigkeit, → Bonität.

Kreditwürdigkeitsprüfung, Überprüfung der Bereitschaft und Fähigkeit eines Kreditantragstellers zur fristgerechten Vertragserfüllung, d. h. zur pünktlichen Zahlung von Zinsen und Tilgungsraten, anhand seiner persönlichen und wirtschaftlichen Verhältnisse. Neben der Vertrauenswürdigkeit des Antragstellers, gemessen an Kriterien wie Zahlungs- und Geschäftsmoral, werden auch seine rechtlichen Verhältnisse überprüft. Die wirtschaftlichen Verhältnisse **natürlicher Personen** werden anhand der Höhe und Regelmäßigkeit ihres Einkommens, der Höhe des Vermögens und der laufenden Ausgaben beurteilt. Bei **Unternehmen** wird üblicherweise im Rahmen einer Bilanzanalyse die Ertrags-, Liquiditäts-, Vermögens- und Finanzlage anhand von Kennzahlen geprüft.

Kulanzentschädigung, Regulierung eines (im Grunde ersatzpflichtigen) Schadens durch ein Versicherungsunternehmen, obwohl der Nachweis der Schadensursachen nicht zweifelsfrei erbracht werden kann.

Kundengeschäft, Transaktion von Wertpapieren, bei der nur einer der Geschäftspartner Händler ist. Bei der Abwicklung von Kauf- bzw. Verkaufsaufträgen von Kunden im Wertpapiergeschäft handelt die beauftragte Bank lediglich als Kommissionär. Sie besitzt allerdings ein **Selbsteintrittsrecht**, kann also das Geschäft mit sich selbst abschließen.

Kurs, Preis für an einer Börse gehandelte Wertpapiere, Derivate, Devisen und Waren. Mit der Änderung des Börsengesetzes vom 21. 6. 2002 wurde der Begriff Börsenkurs durch die Bezeichnung **Börsenpreis** ersetzt und die amtliche Kursfeststellung durch die von der Börsenaufsichtsbehörde bestellten amtlichen Kursmakler abgeschafft. Die Ermittlung des Börsenpreises erfolgt seitdem im elektronischen Handel bzw. im Parketthandel durch →Skontroführer und ergibt sich aus dem zum Zeitpunkt der Kursbildung bestehenden Verhältnis von Angebot und Nachfrage.

Als **Einheitskurs** (→Kassakurs), der im Präsenzhandel nur einmal börsentäglich ermittelt wird, im Computerhandel gegebenenfalls mehrmals, wird der Kurs notiert, zu dem anhand der vorliegenden Kauf- und Verkaufsaufträge (unlimitiert »billigst« bzw. »bestens« oder mit Preislimit) die meisten Geschäfte abgeschlossen werden können. **Fortlaufende Notierungen** (variable, schwankende, fortlaufende Kurse) werden zu Beginn **(Eröffnungskurs)**, im Verlauf und zum Schluss der Handelsphase an der Börse **(Schlusskurs)** für Wertpapiere ermittelt, die zum variablen Handel zugelassen sind. Diese können an allen Präsenzbörsen ohne Mindestvolumina variabel (laufend) gehandelt werden.

In Deutschland werden Kurse in der Regel in Euro festgestellt, jedoch ist auch eine Notierung in fremder Währung oder in Rechnungseinheiten möglich. Kurse für festverzinsliche Wertpapiere werden in Prozent des Nennwertes **(Prozentnotierung)**, Kurse für Aktien in Euro je Stück **(Stücknotierung)** angegeben. Der **Kurswert** ist der sich aufgrund des Börsenkurses ergebende effektive Wert eines Wertpapiers im Gegensatz zum **Nenn- oder Nominalwert.** Bei der Stücknotierung sind Kurs und Kurswert identisch.

Kurs-Cashflow-Verhältnis [-ˈkæʃfləʊ-], Quotient aus →Cashflow je Aktie und dem Aktienkurs. Die Zahl ist neben dem →Kurs-Gewinn-Verhältnis eine weitere wichtige Bewertungsgröße in der Fundamentalanalyse.

Kurs-Gewinn-Verhältnis, Abkürzung **KGV,** (englisch **Price-Earnings Ratio, PER),** Kennzahl, die angibt, in welchem Verhältnis die aktuelle Börsenbewertung einer AG zu ihrem Gewinn steht. Das KGV errechnet sich aus dem Kurs, der durch den Jahresüberschuss (oder den geschätzten Gewinn) pro Aktie geteilt wird. Bei einem niedrigen KGV gilt eine Aktie als günstig, bei einem hohen KGV als ungünstig.

Kurspflege, Kursregulierung, Einflussnahme auf die Kursbildung von Wertpapieren durch Kauf- oder Verkaufsorders. Kurspflege wird z. B. von Emissionsbanken betrieben, um eine Notierung überhaupt zu ermöglichen, größere Kursschwankungen zu verhindern (**Kursstabilisierung**) oder ein bestimmtes Kursniveau zu halten (**Kursstützung**).

Kurszusätze, Zusätze und Hinweise zu den Börsenkursen. Sie geben dem Anleger nähere Informationen über die Börsennotierung und sollen einer besseren Einschätzung der aktuellen Marktlage für das jeweilige Papier dienen. Es bedeuten:

b oder Kurs ohne Zusatz = bezahlt: Alle zu diesem Kurs vorliegenden Aufträge sind ausgeführt.

bG = bezahlt und Geld: Die zum festgestellten Kurs limitierten Kaufaufträge konnten nicht vollständig ausgeführt werden; es bestand weitere Nachfrage.

bB = bezahlt und Brief: Die zum festgestellten Kurs limitierten Verkaufsaufträge konnten nicht vollständig ausgeführt werden; es bestand weiteres Angebot.

ebG = etwas bezahlt und Geld: Die zum festgestellten Kurs limitierten Kaufaufträge konnten nur zu einem geringen Teil ausgeführt werden.

ebB = etwas bezahlt und Brief: Die zu dem festgestellten Wertpapierkurs limitierten Verkaufsaufträge konnten nur zu einem geringen Teil ausgeführt werden.

ratG = rationiert Geld: Die zum festgestellten Kurs und darüber limitierten sowie die unlimitierten Kaufaufträge konnten nur beschränkt ausgeführt werden.

ratB = rationiert Brief: Die zum festgestellten Kurs und niedriger limitierten sowie die unlimitierten Verkaufsaufträge konnten nur beschränkt ausgeführt werden.

G = Geld: Zu diesem Preis bestand nur Nachfrage.

B = Brief: Zu diesem Preis bestand nur Angebot.

T = Taxkurs: geschätzter Kurs, keine Umsätze.
- = gestrichen: zurzeit ohne Notiz.
-G = gestrichen Geld, wegen überwiegender Nachfrage.
-B = gestrichen Brief, wegen überwiegenden Angebots.
-T = gestrichen Taxe, mangels Kursfeststellung geschätzter Preis.
exD = ohne Dividende: erste Notiz unter Dividendenabschlag.
exBR = ohne Bezugsrecht: erste Notiz unter Bezugsrechtsabschlag.
exBA = ohne Berichtigungsaktien: erste Notiz nach Umstellung des Kurses auf das berichtigte Aktienkapital.

Kürzel, meist aus drei Buchstaben bestehende Kurzbezeichnung von Aktien, die eine Kurzfassung des Namens der AG bilden, z. B. BAS für die Aktien der BASF AG oder DBK für die Aktien der Deutschen Bank AG.

Kurzläufer, Anleihen mit kurzen (Rest)Laufzeiten.

Länderanleihen, von den Bundesländern begebene, festverzinsliche Schuldverschreibungen, die in Deutschland an jeder Börse ohne Prospekt zugelassen sind.

Länderfonds, Investmentfonds, die nur in Wertpapiere bestimmter Länder investieren (z. B. Indien, China, skandinavische Länder).

Länderrisiko, das bei grenzüberschreitenden Kreditvergaben bestehende Risiko, dass ein im Ausland ansässiger Kreditnehmer zwar selbst zahlungswillig und zumindest in seiner Heimatwährung auch zahlungsfähig ist, den fälligen Schuldendienst aber aus übergeordneten, landesbedingten Gründen (z. B. aufgrund von Devisenmangel, Beschränkung des internationalen Zahlungsverkehrs oder Zahlungsverweigerung seines Staates) nicht leisten kann.

Langläufer, Anleihen mit langer Laufzeit.

Laufzeit, Zeitraum zwischen Vergabe und Rückzahlung eines Kredits, bei festverzinslichen Wertpapieren zwischen Emission und Tilgung, bei Wechseln zwischen Ausstellung und Fälligkeit. Ein Investmentfonds mit begrenzter Laufzeit (**Laufzeitfonds**) wird nach Ablauf der im Vorhinein festgelegten Frist aufgelöst; die Anleger erhalten ihr eingesetztes Kapital einschließlich der Erträge zurück.

Laufzeitfonds, Rentenfonds, bei denen bereits bei Auflage der Auflösungstermin feststeht.

Lebensversicherung, Personenversicherung zur Deckung eines im Versicherungsfall beim Versicherungsnehmer entstehenden Geldbedarfs. Durch den Versicherungsvertrag wird der Versicherer entweder zu einer einmaligen (**Kapitalversicherung**) oder zu einer regelmäßig wiederkehrenden (**Rentenversicherung**) Leistung verpflichtet. Die wichtigsten Versicherungsarten bei der Lebensversicherung sind die → Risikolebensversicherung, die → Erlebensfallversicherung, die → kapitalbildende Lebensversicherung und die → fondsgebundene Lebensversicherung. Sonderformen sind u. a. die → Ausbildungsversicherung, die → Berufsunfähigkeitsversicherung, die → Pflegerentenversicherung oder die → Sterbegeldversicherung.

Leerverkauf, Verkauf von Wertpapieren, Finanzinstrumenten oder Waren an der Börse, die der Verkäufer zum Zeitpunkt des Geschäftsabschlusses noch nicht besitzt. Der Leerverkäufer spekuliert darauf, dass die Kurse bis zum Erfüllungszeitraum sinken und er sich daher billiger eindecken kann. Die Differenz zwischen Verkaufs- und Einkaufskurs ist sein Gewinn bzw. Verlust.

An den deutschen Kassamärkten sind Börsengeschäfte innerhalb einer Frist von zwei Tagen abzuwickeln. In diesen Zeitraum fällt der **Intraday-Leerverkauf,** bei dem Verkauf und Rückkauf innerhalb eines Tages abgewickelt werden. Leerverkäufe mit einer längeren Befristung **(Overnight-Leerverkauf)** werden mittels Wertpapierleihe getätigt, d. h., die Verkäufer greifen auf geliehene Wertpapiere zurück (Pensionsgeschäft). Die Position kann dabei bis zum Ende der Leihfrist offen gehalten werden, dann jedoch müssen die Papiere zurückgekauft werden, um der Rückgabeverpflichtung gegenüber dem Verleiher nachkommen zu können. Die Abwicklung solcher Geschäfte erfolgt über die depotführenden Banken.

Leitzins, von der Zentralbank (z. B. von der Europäischen Zentralbank für das Eurowährungsgebiet) festgesetzter Zinssatz für **Refinanzierungskredite** an Geschäftsbanken. Der Leitzins dient als Instrument der Geldpolitik, da er das allgemeine Zinsniveau indirekt beeinflusst. Eine Anhebung bzw. Senkung des Leitzinses signalisiert einen restriktiven bzw. expansiven geldpolitischen Kurs.

letzter Kurs, letzter am Börsentag festgestellter, variabler Kurs.

Leveraged Buyout ['li:vərɪddʒd 'baɪaʊt], *der,* durch Kredite finanzierter Kauf eines **Unternehmens** durch eine kleine Gruppe

von Investoren, wobei die Schulden durch Einnahmen aus diesem Unternehmen oder durch den Verkauf von dessen Aktiva zurückgezahlt werden. (→auch feindliche Übernahme)

Leverage-Effekt ['li:vərɪdʒ-], auch **Hebelwirkung**, Bezeichnung für den überproportional starken Einfluss, den ein hoher Fremdkapitalanteil auf die Rentabilität des eingesetzten Eigenkapitals ausübt; an der Börse Kennziffer zur Beurteilung von Optionsscheinen, die ausdrückt, wie der Schein auf prozentuale Veränderungen des Kurses des zugrunde liegenden Wertpapiers reagiert (bei Optionsscheinen auf Aktien der Quotient aus Aktienkurs und Kurs des Optionsscheins).

LIBOR, Abkürzung für **L**ondon **I**nter **B**ank **O**ffered **R**ate, im Verkehr zwischen Banken am Londoner Geldmarkt angewendeter kurzfristiger Geldmarktzinssatz, zu dem international agierende Banken in London Geldmarktgeschäfte tätigen. Der LIBOR ist ein Indikator dafür, wie knapp die im Markt vorhandene Liquidität ist. Er wird an jedem Arbeitstag in London um 11 Uhr festgesetzt.

LIFFE, Abkürzung für **L**ondon **I**nternational **F**inancial **F**utures and Options **E**xchange, größte europäische Börse für **Financial Futures.**

Limit, beim Kauf oder Verkauf von Wertpapieren vom Anleger angegebene **Preisgrenze.** Steigt der Kurs beim beabsichtigten Kauf über das Limit oder sinkt er bei einem geplanten Verkauf unter das Limit, wird der Kauf- oder Verkaufsauftrag nicht ausgeführt. Limits gelten in der Regel entweder für einen Handelstag (tagesgültig) oder bis zum jeweiligen Monatsende (bis ultimo).

Liquidation, Verfahren zur Auflösung eines Unternehmens durch Verkauf der einzelnen Vermögensteile, wobei der Erlös zur Deckung von Verbindlichkeiten herangezogen werden muss. Daneben wird auch die Abwicklung bzw. Bezahlung und Lieferung von Wertpapieren bei Termingeschäften als Liquidation bezeichnet.

Liquiditätsrisiko, bei Kapitalanlagen die Gefahr, dass sie bei fälligen Zahlungsverpflichtungen nicht termingerecht in Bar- oder sofort verfügbares Buchgeld umgewandelt werden können.

Lombardgeschäft, Kreditgeschäft der Banken. Der **Lombardkredit** ist ein kurzfristiges, auf einen festen Betrag lautendes Darlehen, das durch Verpfändung marktgängiger, d. h. leicht realisierbarer, beweglicher Sachen oder Rechte besonders gesichert ist. Es wird zwischen Waren-, Wertpapier- und Wechsellombard unterschieden.

Makler, Kaufmann, der primär Verträge über den Kauf und/oder Verkauf von Wertpapieren vermittelt. Der für Geschäfte im Freiverkehr zuständige **freie** oder **Privatmakler** handelt nicht für Endkunden der Bank, sondern nur für die Banken selbst. Er darf neben seiner Vermittlungstätigkeit auch Geschäfte auf eigene Rechnung betreiben. Voraussetzung für diese Tätigkeit ist seine Zulassung an der entsprechenden Börse.

Mallorca-Police, kurzzeitige Kraftfahrzeug-Haftpflichtversicherung mit unbegrenzter Deckung. Sie versichert Ansprüche an den Fahrer eines Mietwagens im Ausland.

Managed Fund ['mænɪdʒd'fʌnd], *der,* gängige Form eines → Investmentfonds, bei dem das Fondsmanagement versucht, durch Käufe und Verkäufe von Fondsanteilen die →Performance zu verbessern.

Mantel, Urkunde, die das Anteilsrecht oder die Forderung verbrieft. Zum Wertpapier gehört neben dem Mantel der →Bogen; nur beide zusammen sind verkäuflich.

Marge [marʒə], *die,* bei einem Termingeschäft die Sicherheit, die ein Anleger für die Ausführung eines ungedeckten Geschäfts – z. B. den Kauf oder Verkauf eines →Futures – an die Bank zu leisten hat.

Marketmaker [ˈmɑːkɪtmeɪkə], *der,* Börsenhändler, der sich verpflichtet hat, für einen oder mehrere Börsenwerte (z. B. Optionen, Aktien) verbindliche Ankaufskurse (Geldkurse) und Verkaufskurse (Briefkurse) zu stellen und auf dieser Basis Geschäftsabschlüsse für eigene Rechnung zu tätigen. Seine Tätigkeit gewährleistet eine **kontinuierliche Preisbildung** und eine **ständige Marktliquidität** durch die Gewissheit, dass Marktteilnehmer stets einen Partner für einen Geschäftsabschluss zu einem in der Regel marktgerechten Kurs finden.

marktgängige Wertpapiere, Wertpapiere, die problemlos am Markt veräußert werden können. Marktgängige Wertpapiere sind zum amtlichen Handel zugelassen, werden täglich notiert und regelmäßig in größerem Umfang umgesetzt. Darüber hinaus sind sie breit gestreut.

Marktkapitalisierung, Kennzahl, die den Börsenwert einer AG angibt. Sie berechnet sich aus der Anzahl der emittierten Aktien multipliziert mit dem aktuellen Börsenkurs.

MDAX®, Abkürzung für **Midcap-DAX®,** börsentäglich alle 60 Sekunden berechneter Aktienindex der Deutschen Börse AG, der die Werte von 50 Unternehmen klassischer Branchen enthält, die den DAX®-Werten hinsichtlich Marktkapitalisierung und Börsenumsatz folgen.

Minderheitsrechte, die im Aktiengesetz verbrieften Rechte von Aktionären, bestimmte Anträge durchzusetzen oder zu blockieren, obwohl sie gegen eine Stimmenmehrheit stehen. Zur Wahrnehmung verschiedener Minderheitsrechte müssen die Minderheiten zusammen 10% bzw. 5% des Grundkapitals halten. So kann eine Minderheit von 10% des Grundkapitals die Einberufung der Hauptversammlung verlangen.

Mini Caps [-'kæps], *die,* Abkürzung für **Mini Cap**italization, auch **Small Caps** ['smɔ:lkæps], Aktien kleiner bzw. mittelständischer Unternehmen mit geringer Marktkapitalisierung, die häufig ein hohes Wachstumspotenzial aufweisen.

mündelsichere Wertpapiere, risikoarme Anlageformen von Kapitalvermögen; dazu zählen z. B. festverzinsliche Wertpapiere der öffentlichen Hand und von Hypothekenbanken etc.

Nachbezugsrecht, Inhabern von Vorzugsaktien gewährtes Recht, nach dem bei fehlender oder nur teilweiser Zahlung der Vorzugsdividende in vorangegangenen Jahren ein Anspruch auf Nachzahlung aus den Gewinnen folgender Jahre besteht.

Nachbörse, Wertpapiergeschäfte oder Kursschätzungen nach Ende der offiziellen Börsenzeit.

Nachfrageüberhang, Situation, in der das Nachfragevolumen das Angebotsvolumen übersteigt, sodass nur ein Teil der Nachfrage zum gegebenen Kurs bedient werden kann. Der umgekehrte Fall wird als **Angebotsüberhang** bezeichnet.

Namensaktien, Aktien, die auf den Namen einer bestimmten natürlichen oder juristischen Person ausgestellt und im Unterschied zu den Inhaberpapieren kraft Gesetzes **Orderpapiere** sind. Sie werden mit Adresse und Beruf des Inhabers im Aktienbuch des Unternehmens eingetragen. Ihre Weitergabe kann gegebenenfalls **durch** die Satzung des Unternehmens an besondere Bedingungen geknüpft werden (→vinkulierte Namensaktien).

NASDAQ, Abkürzung für **N**ational **A**ssociation of **S**ecurities **D**ealers **A**utomated **Q**uotations System, seit 1971 von der National Association of Securities Dealers (NASD), der Aufsichtsbehörde des Over-the-Counter-Markets (→Over-the-Counter-Geschäft) in den USA betriebenes elektronisches Kursinformations- und Handelssystem. Die NASDAQ, eine reine Computerbörse für innovative, wachstumsorientierte Unternehmen, gilt als wichtigster Markt für Technologiewerte. Der **NASDAQ-Composite-Index** erfasst die Marktentwicklung von rund 5000 Werten.

Nebenwerte, seltener gehandelte Aktien mit geringem Börsenwert und -umsatz.

Nennwert, Nominalwert, der auf dem Mantel eines Wertpapiers genannte Festbetrag. Im Unterschied zum Nennwert ist der **Kurswert** der Preis, der an der Börse für dieses Wertpapier bezahlt wird (→ Kurs).

Neuwertversicherung, Versicherungsform, bei der im Schadensfall nicht der Zeitwert ersetzt wird, sondern der **Wiederbeschaffungswert** bzw. **Neuwert** (z. B. in der Feuer- und in der Hausratversicherung). In der Regel ist ein solcher Ersatz jedoch durch Entwertungsgrenzen und Wiederherstellungsklauseln eingeschränkt.

New York Stock Exchange ['nju: jɔ:k 'stɔk ɪks'tʃeɪndʒ], Abkürzung **NYSE**, zentrale Wertpapierbörse der USA und weltweit größte Börse; seit 1934 der Staatsaufsicht durch die Securities and Exchange Commission (SEC) unterstellt. Träger ist ein privatrechtlicher Verein, dem v. a. Broker (Börsenmakler) und Dealer (Börsenhändler) angehören. Ältester und bekanntester Index der NYSE ist der Dow-Jones-Aktienindex. Seit 2006 ist die NYSE börsennotiert und firmiert als **NYSE Group, Inc.** Im April 2007 entstand durch den Zusammenschluss mit der Euronext N. V. die **NYSE Euronext, Inc.**, die erste transatlantische Börse der Welt. Weitere wichtige Börsen in New York sind die →American Stock Exchange, die →NASDAQ, die **Commodity Exchange Inc.**, die **New York Cotton Exchange** (NYCE; Baumwollbörse), die **New York Mercantile Exchange** (NYMEX; Handel v. a. mit Metall- und Energiefutures sowie Optionen auf Rohöl, Benzin und Platin) und die **New York Futures Exchange** (NYFE) für den Aktienindexhandel.

nicht organisierter Kapitalmarkt, Markt für langfristige Kredite und Beteiligungskapital, die nicht über Banken oder Börsen abgewickelt werden. Im Unterschied zum organisierten Kapitalmarkt fehlt eine institutionelle Beaufsichtigung. (→auch Kapitalmarkt)

Nikkei Dow Jones Average ['nɪke daʊ 'dʒəʊnz 'ævərɪdʒ], ungewichteter japanischer Aktienindex, der seit 1949 börsentäglich aus den Kursen von 225 an der Tokyo Stock Exchange (TSE) notierten Aktien ermittelt wird **(Nikkei 225)**. Seit 1993 wird zudem der 300 Aktien umfassende **Nikkei 300** errechnet. Daneben existiert die seit 1969 von der TSE ermittelte Indexfamilie

TOPIX (aus **To**kyo Stock **P**rice **I**nde**x**), die aufgrund der Wertgewichtung aussagefähiger, aber international weniger bekannt ist.

No-load-Funds ['no:ləʊd:fʌndz], Investmentfonds ohne Ausgabeaufschlag.

Nominalzins, der auf den Nennwert von Wertpapieren bezogene Zinssatz. (Gegensatz: → Realzins)

Nonvaleurs ['nɔ̃va'lø:r], wertlos gewordene oder wertlos gemachte Wertpapiere (Effekten), als historische Wertpapiere Sammelobjekte.

Not leidende Anleihen, Bezeichnung für Anleihen, bei denen zeitweilig die Zinszahlungen und/oder die Tilgungszahlungen nicht bzw. nicht in vollem Umfang geleistet werden können.

Obligation, auch **Schuldverschreibung,** Urkunde, die ein Leistungsversprechen des Ausstellers verbrieft. Obligationen werden überwiegend im Rahmen der Kapitalbeschaffung durch Anleihen von Bund, Ländern, Kommunen und Privatunternehmen, aber auch von Kreditinstituten als **Bankschuldverschreibungen** oder **Pfandbriefe** ausgegeben. Obligationen sind meist festverzinsliche, zum Teil auch zinsvariable Wertpapiere (Rentenpapiere), die an der Börse gehandelt werden. In der Regel lauten sie auf den Inhaber, können jedoch auf einen bestimmten Gläubiger umgeschrieben werden. Sonderformen der Obligationen sind z. B. **Wandelschuldverschreibungen, Gewinnobligationen** und **Zerobonds.**

öffentliche Anleihen, festverzinsliche Wertpapiere, die im Falle Deutschlands von Bund, Ländern, Städten und Gemeinden sowie durch Sondervermögen zur Deckung eines langfristigen Kapitalbedarfs emittiert werden (**Schuldverschreibungen**).

Offerte, im Börsenhandel Angebot des Verkäufers, das sich an alle im Börsensaal am Handel teilnehmenden Personen richtet und nur sofort angenommen werden kann (→Gebot).

Offshorebanking ['ɔfʃɔ:-], *das,* Ausführung von internationalen Bankgeschäften außerhalb des Währungsgebiets des Landes, von dem aus sie getätigt werden.

Offshorezentren ['ɔfʃɔ:-], Zentren des internationalen Bankgeschäfts, die sich durch besonders günstige Bedingungen zur Geschäftsabwicklung auszeichnen (z. B. Bahamas, Bahrain, Kaimaninseln, Luxemburg, Kanalinseln). Hier bestehen typischerweise **keine Reglementierungen** durch eine Zentralbank, etwa eine Mindestreservepflicht für die speziellen Offshoregeschäfte.

ohne Obligo, Abkürzung **o. O.**, ohne Verbindlichkeit, d. h., beim Erteilen von Auskünften wird die Haftung abgelehnt.

Ökoratings [-'reɪtɪŋs], anhand ökologischer oder auch ethischer Gesichtspunkte vorgenommene Beurteilung von Unternehmen und von Kapitalanlageprodukten. Ökoratings geben Auskunft darüber, inwieweit ökologische oder ethische Fonds tatsächlich den jeweiligen Prinzipien entsprechen.

Open Market [əʊpn 'mɑ:kɪt], →Freiverkehr.

Option, vom Käufer geltend zu machendes Recht, ein mit dem Vertragspartner vertragsmäßig vereinbartes Kauf- oder Verkaufsangebot innerhalb einer bestimmten Frist (**amerikanische Option**) oder zu einem bestimmten Zeitpunkt (**europäische Option**) wahrzunehmen oder abzulehnen.

Gehandelt werden Kauf- und Verkaufsoptionen. Der Käufer einer **Kaufoption** (→Call) amerikanischen Typs erwirbt das Recht, jederzeit während der Laufzeit der Option vom →Stillhalter die den Gegenstand des Geschäfts bildenden Aktien zu dem vereinbarten Basispreis zu kaufen. Er wird in der Regel von diesem Recht Gebrauch machen, wenn der Kurs der Aktien innerhalb der Laufzeit der Option steigt. Bleibt er gleich oder fällt er, wird die Option nicht ausgeübt. Der Verkäufer einer Kaufoption **(Stillhalter in Stücken)** muss während der Optionszeit auf Verlangen des Käufers die Aktien zu dem vereinbarten Basispreis liefern.

Der Käufer einer **Verkaufsoption** (→Put) amerikanischen Typs erwirbt das Recht, bis zur Fälligkeit der Option jederzeit die Aktien an den Stillhalter zu dem vereinbarten Basispreis zu verkaufen. Er wird die Option nicht ausüben, wenn der Kurs der Aktien gegenüber dem Basispreis gleich geblieben oder gestiegen ist. Der Verkäufer einer Verkaufsoption (**Stillhalter in Geld**) muss bis zum Ende der Optionszeit auf Verlangen des Käufers die Aktien abnehmen.

Optionsanleihe, englisch **Warrant-Bond,** besondere Anleihe, deren Inhaber über den Anspruch auf Verzinsung und Rückzahlung hinaus ein Recht **(Optionsrecht)** auf Bezug von Aktien des Anleiheschuldners hat. Im Börsenhandel kann das Optionsrecht von der Anleihe getrennt werden, woraus sich drei Notierungen ergeben: der Kurs für die Optionsanleihe einschließlich Optionsrecht (volle Stücke, Optionsanleihe »cum«), der Kurs für die Optionsanleihe mit bereits abgetrenntem Optionsrecht (leere Stücke, Optionsanleihe »ex«)

und der Kurs für das im Optionsschein verbriefte Optionsrecht. Der Bezugskurs **(Optionskurs)** ist der Preis, zu dem die Aktien bei Ausübung des Optionsrechts zu erhalten sind. Das **Optionsverhältnis** gibt an, wie viele Aktien mit einem Optionsrecht erworben werden können. Die **Optionsfrist** bezeichnet den Zeitraum, in dem das Optionsrecht ausgeübt werden kann.

Optionsschein, englisch **Warrant,** Urkunde, in der das Recht auf den Bezug oder den Verkauf von Aktien, Anleihen, ausländischen Währungseinheiten, bestimmten Mengen eines Edelmetalls oder Rohstoffs verbrieft ist. Der traditionelle Optionsschein wird stets in Verbindung mit einer Optionsanleihe begeben. Optionsscheine können auch ohne Kopplung an eine Optionsanleihe **(nackte Optionsscheine, Naked Warrants)** oder in Verbindung mit einem Genussschein **(Optionsgenussschein)** emittiert werden. Das Verhältnis von Optionsscheinkurs und Kurs des Bezugsobjekts heißt Hebel (Leverage). Als Bezugsobjekte werden nicht nur eigene neue Aktien des Emittenten zugrunde gelegt, sondern auch Aktien anderer Unternehmen, bereits im Umlauf befindliche Werte **(gedeckte Optionsscheine, Covered Warrants)** sowie weitere Finanzprodukte, v. a. Anleihen (Zinsoptionsscheine), Währungen (Währungsoptionsscheine), Edelmetalle sowie abstrakte Werte wie z. B. Aktienindizes (Indexoptionsscheine). Optionsscheine werden auch als verbriefte Verkaufsoptionen **(Put-Optionsscheine)**, Optionsscheine mit begrenztem Gewinnpotenzial **(Capped Warrants)** und Optionsscheine mit vorgegebenem Zielkorridor **(Bandbreitenoptionsscheine, Range-Warrants)** ausgestattet.

Order, auch **Börsenauftrag,** Auftrag zum Kauf oder Verkauf von Wertpapieren. In der Order kann der Käufer neben der Menge der Wertpapiere z. B. auch Preisgrenzen (Limits), Börsenplatz und Gültigkeitsdauer der Order angeben.

organisierter Markt, Markt, der von staatlich anerkannten Stellen geregelt und überwacht wird, regelmäßig stattfindet und für das Publikum unmittelbar oder mittelbar zugänglich ist. Der **organisierte Kapitalmarkt** ist der Markt, über den Banken und Börsen mittel- bis langfristige Fremdfinanzierungen und Beteiligungen abwickeln. Dazu zählen an der Börse zum Handel zugelassene Aktien, Investmentanteile, Bezugsrechte, Optionen und Inhaberschuldverschreibungen. Der **organisierte Geldmarkt** bezeichnet den zwischen Banken ablaufenden Geldhandel, der den Handel mit Wechseln und Zentralbankgeld umfasst. (→auch grauer Kapitalmarkt, →nicht organisierter Kapitalmarkt)

Outperformance ['aʊt:pə'fɔ:məns], *die,* im Vergleich mit der Entwicklung des Markts oder eines Vergleichsindexes (→Benchmark) in einem bestimmten Zeitraum überdurchschnittliche Kursentwicklung eines Wertpapiers oder eines Portfolios. (→auch Performance)

Over-the-Counter-Geschäft ['əʊvə ðə 'kaʊntə-], Abkürzung **OTC-Geschäft,** zum einen Bezeichnung für →Tafelgeschäfte, zum anderen Sammelbezeichnung für den außerbörslichen Handel mit Wertpapieren und Derivaten. Zum **Over-the-Counter-Market** zählen auch Neuemissionen vor der amtlichen Börseneinführung sowie der Telefonhandel mit börsennotierten Aktien; er ist umfangmäßig der größte Wertpapiermarkt der Erde.

Pakethandel, Handel mit größeren Aktienpaketen, der überwiegend außerhalb der Börse abgewickelt wird. Pakethandel findet in der Regel zwischen Banken und institutionellen Anlegern statt, wobei meistens nicht der Börsenkurs, sondern ein Zuschlag oder Abschlag als Preis vereinbart wird.

pari, im Wertpapiergeschäft ein Papier, dessen Nennwert gleich dem aktuellen Kurs ist (Parikurs). Notiert der Kurs eines Wertpapiers **unter pari,** liegt er niedriger als der Nennwert, notiert er **über pari,** liegt er höher als der Nennwert.

Eine **Pari-Emission** ist die Ausgabe von Wertpapieren zum Nennwert. Aktien dürfen nicht unter pari – d. h. unter ihrem Nennwert – ausgegeben werden. Festverzinsliche Wertpapiere werden dagegen regelmäßig unter pari ausgegeben.

Parkett, Börsensaal, in dem der Handel stattfindet (Präsenzbörse). Zu ihm haben nur die zugelassenen Börsenmitglieder Zutritt. Besucher, die Einblick in das Börsengeschehen nehmen wollen, können das von der **Galerie** des Börsensaals aus tun.

Penny Stocks ['penistɔkz], amerikanische Aktien, die mit weniger als fünf US-Dollar pro Stück gehandelt und meist von jungen, nicht kapitalmarktfähigen Unternehmen emittiert werden. Sie weisen im Gegensatz zu den Blue Chips erhebliche Risiken, aber auch Kurschancen auf.

Pensionsfonds, Fonds mit der Aufgabe, Gelder aus betrieblichen Pensionskassen von Unternehmen oder Regierungsstellen zu verwalten. Pensionsfonds sind **rechtlich selbstständige Institutionen,** deren ausschließlicher Zweck die Finanzierung von **Altersversorgungsleistungen** ist. Aus dem gebildeten Vermögen werden die

Anspruchsberechtigten bei Eintreten des Anspruchs entweder in Form laufender Leistungen oder in Form eines Einmalbetrages ausgezahlt. In Ländern, in denen Pensionsfonds fester Bestandteil des Alterssicherungssystems sind, unterstehen diese bestimmten **gesetzlichen Vorschriften,** z. B. hinsichtlich der Risikostreuung oder der Anforderungen an die Geschäftsführer. Von Pensionsfonds zu unterscheiden sind die 1998 in Deutschland eingeführten **Altersvorsorge-Sondervermögen,** die von Kapitalanlagegesellschaften aufgelegte Investmentfonds darstellen, bei denen eine Beteiligung des Arbeitgebers nicht vorgesehen ist.

Performance [pəˈfɔːməns], *die,* Wertentwicklung einer Kapitalanlage oder eines Portfolios. Meist wird zum Vergleich eine →Benchmark als Referenz herangezogen, um die Performance im **Vergleich zum Gesamtmarkt** oder zu einzelnen Branchen darzustellen.

Performance-Index, Instrument zur Messung des Wertzuwachses von Kapitalanlagen. Bei der Berechnung des Performance-Indexes werden im Gegensatz zu einem Kursindex Kapitalveränderungen und Dividendenausschüttungen miteinbezogen, jedoch bleiben die Transaktionskosten unberücksichtigt. (→auch Aktienindex)

Personalkredit, Kredit ohne besondere Sicherheit, der sich allein auf die Kreditwürdigkeit des Kreditnehmers gründet. (Gegensatz: →Realkredit)

PEX®, Abkürzung für Deutscher **P**fandbriefind**ex**, 1995 eingeführter Index für die Kursentwicklung am deutschen Pfandbriefmarkt. Der PEX® wird aus 30 idealtypischen Pfandbriefen mit Laufzeiten zwischen einem und zehn Jahren und Verzinsungen von 6%, 7,5% und 9% gebildet. Seit 1997 wird auch der JEX bzw. JEXP, ein Kurs- bzw. Performance-Index für →Jumbo-Pfandbriefe, ausgewiesen.

Pfandbrief, langfristige, durch Hypotheken gedeckte festverzinsliche Schuldverschreibung, die zur Refinanzierung von Immobilien- oder Schiffskrediten bzw. Darlehen an den Staat und seine nachgeordneten Institutionen dient. Pfandbriefe sind börsennotiert, also jederzeit vor dem Rückzahlungstermin verkäuflich.

Pflegerentenversicherung, Sonderform der Lebensversicherung zur Absicherung eines zusätzlichen Pflegebedarfs.

Pflichtbekanntmachung, Informationen, die die Emittenten von Wertpapieren in den Gesellschaftsblättern abdrucken müssen. Zu diesen Informationen gehören u. a. die Einberufung der Hauptversammlung, der Jahresabschluss, die Bezugsaufforderungen, die Veränderung des Aufsichtsrats und die Amtszeit seiner Mitglieder. Wenn die Wertpapiere am regulierten Markt notiert sind, besteht darüber hinaus die Pflicht, dieselben Informationen in mindestens einem Pflichtblatt jeder beteiligten Börse zu veröffentlichen. Für die erste öffentliche Platzierung von Wertpapieren besteht in Deutschland eine **grundsätzliche Prospektpflicht.**

Pflichthaftpflichtversicherung, Haftpflichtversicherung, deren Abschluss und Aufrechterhaltung gesetzlich vorgeschrieben ist. Zu den Pflichthaftpflichtversicherungen zählen die **Kraftfahrzeug-Haftpflichtversicherung** und andere **Verkehrs-Haftpflichtversicherungen** (z. B. Luftfahrversicherung, Güterverkehrshaftungsversicherung), die **Vermögensschaden-Haftpflichtversicherung** (z. B. für Notare, Wirtschaftsprüfer, Steuerberater), die **Jagdhaftpflichtversicherung** u. a.

PIN, Abkürzung für **p**ersönliche **I**dentifikations**n**ummer, durch ein spezielles Verschlüsselungsverfahren erzeugte individuelle Geheimzahl, die der Autorisierung und Absicherung von Kunden bzw. Banken bei EDV-unterstützten Bankgeschäften dient und nur dem Inhaber bekannt sein sollte. Verwendet wird die PIN als elektronischer Berechtigungsnachweis bei der Benutzung von Geldausgabeautomaten oder bei kartengestützten Zahlungsverfahren im Einzelhandel und Dienstleistungsbereich **(POS-Banking, Electronic Cash).**

Platzierung, Unterbringung (Verkauf) von Wertpapieren beim Publikum.

Point-Value ['pɔɪnt 'vælju:], *der,* Kursveränderung um einen Punkt. Bei **Aktien** entspricht der Point-Value dem Wert einer Währungseinheit, bei **Anleihen** hingegen der Veränderung um 1 % bezogen auf den Nennwert. Anleiherenditen werden häufig in Basispunkten angegeben, wobei 100 Basispunkte einem Prozent entsprechen.

Police [pɔ'li:sə], *die,* auch **Versicherungsschein,** die vom Versicherer ausgestellte und unterzeichnete Beweisurkunde über den Versicherungsvertrag.

Portfolio, auch **Portefeuille,** in Verbindung mit Wertpapieren die Gesamtheit der Anlage in Wertpapieren, die ein Kunde oder ein Unternehmen besitzt. Üblicherweise wird das Portfolio durch Investition in unterschiedliche Anlageinstrumente oder in unterschiedliche Branchen so strukturiert, dass sich über eine

Streuung der Risiken aus den einzelnen Anlagen eine Verminderung des Gesamtrisikos ergibt.

Prämiengeschäft, eine Form des bedingten Termingeschäfts, die der Risikominderung von Termingeschäften dient. Im Unterschied zum Festgeschäft, bei dem eine unbedingte Lieferungs- und Abnahmepflicht besteht, können die Käufer oder Verkäufer beim Prämiengeschäft wählen, ob sie die Wertpapiere zum vereinbarten Kurs und zum vereinbarten Zeitpunkt liefern bzw. abnehmen oder ob sie auf die Lieferung bzw. Abnahme verzichten. Im Fall des Verzichts muss der **Inhaber des Wahlrechts** eine Prämie bezahlen.

Präsenzbörse, Form des Börsenhandels, bei dem die Börsenmitglieder auf dem Börsenparkett durch Zuruf Käufe und Verkäufe von Wertpapieren abwickeln.

Primärmarkt, auch **Emissionsmarkt,** die Ausgabe neuer Wertpapiere und deren Platzierung (Verkauf) bei Anlegern. (Gegensatz → Sekundärmarkt)

Prime Standard ['praɪm 'stændəd], *der,* 2003 eingeführtes Marktsegment der Deutschen Börse AG für Unternehmen, die mehr als die in Deutschland vorgeschriebenen Mindesttransparenzstandards (→ General Standard) erfüllen. Voraussetzungen für die Zulassung sind: Vorlage von Quartalsberichten, Rechnungslegung nach internationalen Standards, Veröffentlichung eines Unternehmenskalenders, Durchführung mindestens einer Analystenkonferenz pro Jahr, Ad-hoc-Mitteilungen sowie laufende Berichterstattung. Das Listing im Prime Standard ist Voraussetzung für die Aufnahme in die Aktienindizes DAX®, MDAX®, SDAX® und TecDAX®.

Privatbanken, im weiteren Sinn alle privatrechtlich organisierten Banken (Gegensatz: öffentlich-rechtliche und genossenschaftliche Kreditinstitute). Im engeren Sinn ist Privatbank die Bezeichnung für einen **Privatbankier**, d. h. für ein Kreditinstitut in der Rechtsform des Einzelkaufmanns, der OHG oder der KG.

Private-Equity-Fonds [praɪvət ˈekwətɪ-], Vermögen, das in Beteiligungen am Eigenkapital wachstumsstarker Unternehmen angelegt ist. Die von den Kapitalgebern eingegangene Beteiligung ist nicht an der Börse handelbar. Private-Equity-Fonds sind in der Regel **Spezialfonds** und stehen nur institutionellen Anlegern und kapitalstarken privaten Investoren offen, werden jedoch auch für Kleinanleger aufgelegt. Diese als geschlossene Fonds mit langen Laufzeiten (acht bis mehr als zwanzig Jahre) ausgelegten sog. Retailfonds sind →Dachfonds, die ihrerseits in große Private-Equity-Fonds investieren.

Prolongation, Stundung der Wechselverpflichtung gegen Ausstellung eines neuen →Wechsels (**Prolongationswechsel**) mit hinausgeschobener Verfallzeit.

Prospektpflicht, Verpflichtung eines Unternehmens, das an die Börse gehen will, vorher einen Emissionsprospekt zu veröffentlichen. Darin muss umfassend über das Unternehmen und die Chancen und Risiken der Aktie informiert werden. Der **Prospekt** muss bestimmte Angaben enthalten, wie die Entwicklungsgeschichte des Unternehmens, die Geschäftsfelder, Geschäftstätigkeit und Zukunftspläne. Alle Vorstands- und Aufsichtsratsmitglieder müssen genannt werden und der letzte Jahresabschluss muss enthalten sein. Der **Emissionsprospekt** ist im

Bundesanzeiger und einem Pflichtblatt der Börse zu veröffentlichen. Der Emittent und die Emissionsbank sowie sonstige am Erstellen des Prospekts Beteiligte haften gemeinsam für Schäden, die dem Anleger durch falsche oder unvollständige Angaben im Prospekt entstehen.

Provision, Zahlung, die ein Kunde für die Ausführung seines Kauf- oder Verkaufsauftrags an der Börse neben der Maklergebühr an die Bank zu leisten hat. Die Provision beträgt in der Regel bei Aktien 1%, bei festverzinslichen Wertpapieren meist 0,5% vom Kurswert, sofern die **Mindestprovision** überschritten ist.

Publikumsfonds, Investmentfonds, die im Gegensatz zu →Spezialfonds einem breiten Publikum angeboten werden.

Publizitätspflicht, Verpflichtung von Aktiengesellschaften zur regelmäßigen Veröffentlichung von detaillierten Angaben zur Geschäftsentwicklung. Die Publizitätspflicht soll einen einheitlichen **Mindestinformationsgrad** der Aktionäre gewährleisten. Kommt eine AG ihrer Publikationspflicht nicht nach, kann sie **vom Handel ausgesetzt** werden.

Put, *der*, eine Verkaufsoption bzw. der ihr zugrunde liegende Vertrag, durch den der Käufer einer →Option oder eines →Optionsscheins das Recht erwirbt, einen bestimmten Bezugswert innerhalb eines festgelegten Zeitraums zum vereinbarten Preis (Basispreis) zu verkaufen. (Gegensatz: →Call)

Quartalsbericht, auch **Quartalsbilanzen**, vierteljährliche Veröffentlichungen von Zwischenbilanzen einer AG. Im Quartalsbericht müssen Aussagen über die Entwicklung der **Geschäftstätigkeit des**

Emittenten in dem betreffenden Quartal enthalten sein. Er muss konkret die **Gewinn-und-Verlustrechnung** des Berichtszeitraums, eine Kapitalflussrechnung, den Jahresüberschuss oder -fehlbetrag pro Aktie sowie die Zahl der Mitarbeiter enthalten, wobei zu jeder Zahlenangabe die Vorjahreszahl für den korrespondierenden Berichtszeitraum anzugeben ist.

Quellensteuer, spezielle Erhebungsform der Einkommensteuer für bestimmte Einkünfte, die am Ort und zum Zeitpunkt des Entstehens steuerpflichtiger Vergütungen von der auszahlenden Stelle einbehalten und an das Finanzamt abgeführt wird. In Deutschland übliche Quellensteuern sind u. a. Lohn-, Kirchen- und → Abgeltungsteuer.

Quotenaktie, nennwertlose Aktie, die einen Anteil am Grundkapital und Vermögen einer AG verbrieft.

Raiffeisenbanken, ursprünglich ländliche Kreditgenossenschaften und in der Regel regionale Universalbanken von vergleichsweise geringer Betriebsgröße. Seit 1972 sind die Raiffeisenkassen mit den → **Volksbanken** im Deutschen Genossenschafts- und Raiffeisenverband e. V. zusammengeschlossen.

Rallye ['rɛli], *die,* rascher Kursanstieg an der Börse.

Rating ['reɪtɪŋ], *das,* systematische Bewertung von Emittenten hinsichtlich ihrer → Bonität. Die **Bonitätseinschätzung** erfolgt anhand verschiedener Kriterien. Neben unternehmens- und branchenspezifischen Besonderheiten findet auch das → Länderrisiko Berücksichtigung. Die von → Ratingagenturen ermittelten Kennziffern, Ratings, werden durch codierte Bonitätsstufen ausgedrückt.

Ratingagenturen ['reɪtɪŋ-], private, gewinnorientierte Unternehmen, die gewerbsmäßig eine Bewertung von Schuldnerbonitäten und Kreditausfallrisiken vornehmen. Die größten weltweit operierenden Ratingagenturen sind **Standand & Poor's und Moody's Investors Service.**

realisierter Kursgewinn, Verkauf von Wertpapieren zu einem Kurs, der – abzüglich Ankaufs- und Verkaufsspesen – über dem Einstandspreis liegt. Wird vom Verkauf abgesehen, ergibt sich bei einem Kursanstieg zunächst nur ein Buchgewinn. Analog gilt ein Kursverlust erst dann als **realisierter Kursverlust**, wenn der Verkauf zu einem Kurs erfolgt ist, der unter der Summe aus Einstandspreis, Ankaufs- und Verkaufsspesen liegt.

Realkredit, auch **Sachkredit,** gegen Verpfändung oder Sicherungsübereignung realer Vermögenswerte (z. B. Immobilien, Waren) gewährter Kredit. (Gegensatz: → Personalkredit)

Realkreditsicherung, die Sicherung eine Darlehens durch ein Grundpfandrecht (→ Grundschuld, → Rentenschuld, → Hypothek).

Realzins, der um die jeweilige Inflationsrate bereinigte Zins (→ Nominalzins).

Reassekuranz, → Rückversicherung

Rechtsschutzversicherung, Form der Schadenversicherung gegen die Kosten eines Rechtsstreits (z. B. Anwaltsgebühren, Gerichtskosten), oft als Paket für bestimmte Lebensbereiche angeboten (z. B. als Verkehrsrechtsschutz-, Privatrechtsschutz- oder Berufsrechtsschutzversicherung).

Referenzzinssatz, Basiszinssatz als Orientierung bei der Festlegung eines Vertragszinssatzes für Finanzgeschäfte auf nationalen und internationalen Finanzmärkten (z. B. EURIBOR, EUROLIBOR).

Refinanzierung, Geldbeschaffung eines Kreditgebers wegen unzureichender Eigenmittel. Geschäftsbanken können sich bei temporären Liquiditätsengpässen bei der Zentralbank Geld beschaffen. Die Notenbank legt dabei die Konditionen (Zinsen, Laufzeit, Volumina, Gegenwerte) für die Refinanzierung fest und beeinflusst durch deren Veränderung die Geld- und Kreditschöpfungsmöglichkeiten der Banken (**Refinanzierungspolitik**).

regulierter Markt, am 1. 11. 2007 durch die Fusion von **amtlichem Markt** und **geregeltem Markt** geschaffenes Börsensegment, in das alle vor diesem Zeitpunkt in den beiden fusionierten Segmenten zugelassenen Wertpapiere übernommen wurden. Es gelten die Zulassungsvoraussetzungen und Transparenzpflichten des früheren amtlichen Markts.

Reiserücktrittskostenversicherung, Vermögensversicherung für die Kosten, die der Versicherungsnehmer einem Reiseveranstalter schuldet, wenn er von einer gebuchten Reise zurücktritt. Rücktrittsgründe sind z. B. Tod oder Krankheit des Versicherungsnehmers oder naher Angehöriger.

REITs [ri:tz], Abkürzung für **R**eal **E**state **I**nvestment **T**rusts, börsennotierte Aktiengesellschaften, die sich auf Kauf, Verkauf und Verwaltung von Immobilien konzentrieren. Sie sind von Unternehmensteuern befreit und müssen dafür einen Großteil ihrer Gewinne ausschütten, die dann seitens der Aktionäre zu versteuern sind. Im Gegensatz zu **offenen Immobilienfonds,** deren Anteilspreis zumeist auf Gutachten basiert, wird der Wert der

REITs-Aktien an der Börse direkt aus Angebot und Nachfrage abgeleitet; außerdem können auf REITs auch Derivate gebildet werden.

Remittent, Wechselnehmer, Person, an die die Wechselsumme zu zahlen ist.

Rendite, Ertrag einer Kapitalanlage, abhängig von den laufenden Erträgen, den Kurs- oder Marktpreisveränderungen sowie den Kosten für An- und Verkauf sowie laufende Verwaltung. Unter Berücksichtigung der Kosten wird aus der Brutto- die **Nettorendite,** die noch von steuerlichen Aspekten beeinflusst wird (Rendite nach Steuern). Die jährliche **Bruttorendite** ist das in Prozent ausgedrückte Verhältnis von Kursgewinn beziehungsweise -verlust (Differenz zwischen Verkaufs- und Kaufkurs) und jährlichen Erträgen (Dividenden, Zinsen) zum eingesetzten Kapital. Als **Dividendenrendite** wird das prozentuale Verhältnis von Dividende je Aktie zum jeweiligen Börsenkurs bezeichnet. Die **Anleihenrendite** wird v. a. durch Nominalzins, Kauf- und Rückzahlungs- beziehungsweise Verkaufskurs, Tilgungsmodus, Laufzeit und Zeitpunkt der Zinszahlungen bestimmt. (Vgl. → Effektivverzinsung)

Rentenmarkt, Markt, auf dem festverzinsliche Wertpapiere gehandelt werden. Diese Papiere werden entweder von Gebietskörperschaften oder Hypothekenbanken und Kommunalkreditinstituten, großen Industriebetrieben oder Banken emittiert. Der **Rentenhandel** findet sowohl an der Börse als auch außerbörslich statt.

Rentenschuld, Art der Grundschuld, bei der anstelle eines einmaligen Betrags eine zu regelmäßig wiederkehrenden Terminen fällige Geldsumme zulasten eines Grundstücks zu bezahlen ist.

Report, im Devisenhandel Kursaufschlag des Terminkurses einer Währung gegenüber deren Kassakurs, Gegensatz: → Deport (→ Swapgeschäft); beim Termingeschäft Differenz zwischen der höheren Terminnotierung und einem niedrigeren Kassakurs.

REX®, Abkürzung für Deutscher **R**entenind**ex**, seit 1991 veröffentlichter Kursindex der Deutschen Börse AG. Von seinem Konzept her ist der REX® ein **gewichteter Durchschnittskurs** aus synthetischen Anleihen mit konstanter Laufzeit. In den gewichteten Durchschnittskurs gehen **30 idealtypische Anleihen** mit ganzzahligen Laufzeiten von ein bis zehn Jahren sowie je drei Coupontypen mit 6%, 7,5% und 9% ein. Alle 30 Anleihen werden ihrem Marktanteil entsprechend gewichtet. Dieser bemisst sich nach der Anzahl der Emissionen in den letzten 20 Jahren, wobei die Gewichtung jährlich überprüft wird.

risikobegrenzende Fonds, Investmentfonds, die ein mit der Anlage in Aktien verbundenes, durch Kursrückgänge entstehendes Risiko begrenzen. Die **Kosten der Absicherung** werden dabei vollständig auf den Anleger abgewälzt.

Beim **Absicherungsfonds** werden die Aktienbestände durch Verkaufsoptionen abgesichert. Bei Kurssteigerungen werden die Absicherungsinstrumente jeweils so angepasst, dass das vereinbarte Absicherungsniveau gesichert bleibt. Beim **Garantiefonds** erhält der Anleger die Zusage, 100% des eingesetzten Kapitals zurückzuerhalten. Das Fondsvermögen wird überwiegend in festverzinslichen Wertpapieren angelegt und die Absicherung erfolgt über auf das vereinbarte Laufzeitende bezogene Verkaufsoptionen.

Risikokapital, englisch **Venture-Capital,** im weiteren Sinn jede Form von Eigenkapital ohne fixierten Rückzahlungs- und Zinszahlungsanspruch; im engeren Sinn besondere **Form der Fremdfinanzierung,** bei der Kapitalgeber bewusst ein höheres Risiko eingehen und Gewinne durch die zu erwartende Wertsteigerung und den abschließenden Verkauf ihrer Beteiligungen erzielen wollen. Risikokapital dient Unternehmen mit geringer Eigenkapitalausstattung oder Unternehmen in ihrer Gründungsphase, die Innovationen nicht aus eigener Kraft realisieren können; bevorzugt sind technologieorientierte Wachstumsbranchen.

Risikolebensversicherung, Todesfallversicherung bei der Lebensversicherung, bei der der Versicherungsfall mit dem Tod der versicherten Person eintritt. Man unterscheidet zwischen **kurzfristiger Risikoversicherung,** bei der die Versicherungsleistung nur fällig wird, wenn der Versicherte während der begrenzten Vertragsdauer stirbt (z. B. zur Hinterbliebenenversorgung oder Kreditabsicherung) und **lebenslanger Todesfallversicherung** mit abgekürzter oder lebenslanger Prämienzahlung, bei der die Versicherungsleistung mit dem Tod des Versicherten fällig wird (z. B. Erbschaftsteuerversicherung).

Risikostreuung, Optimierung der Zusammensetzung eines Vermögensbestands (→ Portfolio) in Abhängigkeit von den Ertragssätzen der einzelnen Anlageobjekte, ihrem Risiko, der Höhe des Anlagebetrages und der Risikobereitschaft des Anlegers.

Rückkauf, in der Lebensversicherung die Abfindung des Versicherungsnehmers bei vorzeitiger Auflösung (Kündigung, Rück-

tritt) des Versicherungsvertrags. Der Rückkaufwert richtet sich nach dem Deckungskapital und ist in den ersten Jahren nach Vertragsabschluss geringer als die Summe der gezahlten Prämien.

Rückkauf eigener Aktien, Aufkauf der Wertpapiere eines Unternehmens durch das Unternehmen selbst. Der Rückkauf eigener Aktien ist in Deutschland **grundsätzlich nicht zulässig,** es gibt jedoch eine Reihe von **Ausnahmen.** Dazu zählt u. a. der Rückkauf eigener Aktien, um schwere Schäden von der AG abzuwenden oder um den Arbeitnehmern Belegschaftsaktien anzubieten.

Rückversicherung, Reassekuranz, Vertrag, durch den ein Partner **(Rückversicherer, Zessionar)** gegen Entgelt dem anderen **(Erstversicherer, Zedent)** das Risiko aus einem oder mehreren Versicherungsverträgen ganz oder teilweise abnimmt. Nimmt der Rückversicherer seinerseits ganz oder teilweise eine Rückversicherung, so spricht man von **Folgerückversicherung (Retrozession).** Ein Rückversicherungsvertrag begründet eine Haftung nur gegenüber dem Erstversicherer, nicht aber gegenüber dem Versicherungsnehmer.

Rückwärtsversicherung, in der Haftpflicht- und Transportversicherung Versicherungsschutz für Schäden der Vergangenheit, die vor Vertragsschluss entstanden und dem Versicherungsnehmer nicht bekannt waren.

Ruhen der Versicherung, zwischen Versicherung und Versicherungsnehmer zu vereinbarende Unterbrechung des Versicherungsvertrags. Der Vertrag bleibt dabei bestehen, jedoch sind für die Zeit des Ruhens Beitragszahlungen und Versicherungsleistungen ausgesetzt.

Run [rʌn], *der,* allgemein der plötzliche Ansturm auf ein Gut. Im **Bankwesen** bezeichnet Run den Ansturm von Bankkunden infolge von tatsächlichen oder vermuteten Liquiditätsschwierigkeiten eines Instituts zur Sicherung ihrer Einlagen. An der **Börse** bedeutet Run eine übermäßige Nachfrage nach Aktien, die zu starken Kurserhöhungen führt **(Hausse)**, oder ein besonders großes Angebot an Aktien, das Kursstürze zur Folge hat **(Baisse)**.

Sachdepot [-deˈpo], Verzeichnis der von der Depotbank für ihre Kunden verwahrten Wertpapiere. Im Unterschied zum **Personendepot**, bei dem das Depotbuch nach den Namen der Depotinhaber geordnet ist, werden die Wertpapiere beim Sachdepot nach der Wertpapiergattung verbucht.

Sammelverwahrung, Verwahrung von Wertpapieren gleicher Gattung, aber verschiedener Kunden in einem gemeinsamen Depot. Der Inhaber der Wertpapiere besitzt ein Recht auf die Wertpapiere, hat aber kein Eigentumsrecht an bestimmten Wertpapieren, sondern ein **Miteigentum zu Bruchteilen** am Gesamtbestand. Der Vorteil der Sammelverwahrung liegt darin, dass die Börsenteilnehmer Wertpapierübertragungen ohne die Bewegung effektiver Stücke vornehmen können. Im Falle des Besitzerwechsels kommt es dann lediglich zu Buchungen auf den Depotkonten **(Giroverkehr)**. (Gegensatz: →Streifbandverwahrung)

Schachtelbeteiligung, Beteiligung eines Unternehmens an einer Kapitalgesellschaft **(Schachtelgesellschaft)** mit einem Anteil von mindestens 25%. Mit einer Schachtelbeteiligung können bei Kapitalgesellschaften Beschlüsse verhindert werden, die einer Dreiviertelmehrheit bedürfen (→Sperrminorität). Der Gewinn,

den ein Unternehmen aus einer Schachtelbeteiligung erzielt, ist die **Schachteldividende.** Die Schachtelgesellschaft kann selbst wieder an anderen Kapitalgesellschaften beteiligt sein, sodass die Verfügung über eine größere Kapitalmasse erzielt wird.

Schadenfreiheitsrabatt, bei der Kraftfahrtversicherung Nachlass auf die Versicherungsbeiträge, dessen Höhe sich nach der Dauer der Schadenfreiheit des Versicherungsnehmers richtet.

Schatzanweisungen, kurz- bis längerfristige Schuldverschreibungen der öffentlichen Hand mit einer Laufzeit zwischen sechs Monaten und zwei Jahren. Sie werden in Form unverzinslicher bzw. abgezinster Papiere angeboten. **Schatzwechsel** sind kurzfristige Schuldverschreibungen der öffentlichen Hand mit einer Laufzeit bis zu sechs Monaten, deren Zinsen dem Anleger beim Kauf sofort vergütet und somit vorab vom Anlagekapital abgezogen werden (→Abzinsung).

Scheck, auf den Namen des Empfängers (Schecknehmer) oder auf den Inhaber ausgestellte, übertragbare Anweisung an eine Bank (Bezogene), eine Geldsumme zulasten des Girokontos des Ausstellers zu zahlen. Sie muss neben der Bezeichnung Scheck die Anweisung auf eine bestimmte Geldsumme, den Namen der angewiesenen Bank, Tag und Ort der Ausstellung und die Unterschrift des Ausstellers enthalten. Man unterscheidet zwischen **Inhaberscheck,** einem Inhaberpapier, bei dem keine bestimmte Person als Empfänger bezeichnet wird bzw. der den Zusatz »oder Überbringer« trägt, und **Namensscheck,** einem Orderpapier, bei dem eine bestimmte Person als Empfänger genannt ist. Im Gegensatz zum **Barscheck** darf bei einem **Verrechnungsscheck** mit der Klausel »nur zur Verrechnung« der Betrag nicht bar ausgezahlt, sondern muss einem Konto des Empfängers gutgeschrieben werden.

Scheingewinn, fiktiver Gewinn, der in der Handels- und Steuerbilanz in Zeiten steigender Preise ausgewiesen wird.

Schlussabrechnungstag, bei einem Terminkontrakt auf einen Aktienindex Bezeichnung für den Fälligkeitstag. Für die an der Eurex gehandelten DAX®-Futures ist der **dritte Freitag der Quartalsmonate** März, Juni, September und Dezember Schlussabrechnungstag. Falls der entsprechende Freitag kein Börsentag ist, gilt der davor liegende Börsentag als Schlussabrechnungstag. Im Unterschied zum DAX®-Future ist beim Bund-Future der letzte Handelstag der Schlussabrechnungstag.

Schlusskurs, letzter Kurs, der im variablen Handel am Ende einer Börsensitzung ermittelt wurde.

Schlussnote, schriftliche Mitteilung des Maklers an die handelseinig gewordenen Parteien über die Art und den Umfang des abgeschlossenen Geschäfts. Die Verpflichtung zur Ausstellung von Schlussnoten gilt auch für den mündlichen Abschluss von Börsengeschäften. Ihre Ausstellung soll unverzüglich nach Börsenschluss, spätestens aber innerhalb von drei Tagen erfolgen.

Schnelltender, von der Europäischen Zentralbank (EZB) eingesetztes, innerhalb einer Stunde abgewickeltes →Tenderverfahren, mit der die Notenbank den Geschäftsbanken kurzfristig Liquidität zur Verfügung stellt.

SCHUFA®, Abkürzung für **Schu**tzgemeinschaft **f**ür **a**llgemeine Kreditsicherung, privatwirtschaftliches Unternehmen, das der kreditgebenden Wirtschaft (z. B. Banken, Kreditkartengesellschaften, Versand- und Einzelhandelsunternehmen) gegen Gebühr Informationen über das Kreditverhalten von Privatpersonen (Kreditgewährungen und -ablehnungen, Leasing- und Mietkaufverträge, Bürgschaften, Kreditkarten, Girokonten u. a.) zur Verfügung stellt, um Vertragspartner vor Kreditausfällen zu schützen.

Schuldner, auch **Debitor**, die aus einem **Schuldverhältnis** verpflichtete Person, im Unterschied zum →Gläubiger. Der Schuldner ist derjenige, über dessen Vermögen das **Insolvenzverfahren** eröffnet ist.

Schuldübernahme, Übernahme einer Schuld durch einen Dritten, der an die Stelle des bisherigen Schuldners tritt **(befreiende Schuldübernahme)**. Sie kommt durch Vertrag zwischen Gläubiger und Schuldübernehmer oder mit Genehmigung des Gläubigers durch Vertrag zwischen Schuldner und Übernehmer zustande. Bei der **kumulativen Schuldübernahme** tritt der Dritte neben den bisherigen Schuldner als Gesamtschuldner.

Schuldverschreibung, →Obligation.

Schutzbrief, Versicherung für Kraftfahrer, die dem Versicherungsnehmer z. B. bei Pannen, Unfällen, im Krankheitsfall im In- und Ausland die erforderliche Hilfeleistung garantiert. Schutzbriefe werden v. a. von Automobilklubs angeboten.

Schutzgemeinschaft für allgemeine Kreditsicherung, →SCHUFA®.

SDAX®, börsentäglich alle 60 Sekunden berechneter Aktienindex der Deutschen Börse AG für kleinere Unternehmen **(Small Caps, Mini Caps)**; bezieht sich auf die 50 klassischen Werte, die nach Marktkapitalisierung und Orderbuchumsatz auf die

MDAX®-Werte folgen und im → Prime Standard fortlaufend notiert werden.

Sekundärmarkt, auch **Umlaufmarkt,** Markt für bereits umlaufende Wertpapiere (Effekten), überwiegend über Wertpapierbörsen. (Gegensatz: → Primärmarkt)

Selbstfinanzierung, auch **Innenfinanzierung,** Finanzierung durch einbehaltene Gewinne **(Gewinnthesaurierung).** Bei Einzelunternehmen und Personengesellschaften durch Ansammlung von Gewinnen auf dem Kapitalkonto, bei Kapitalgesellschaften durch Bildung von Gewinnrücklagen **(offene Selbstfinanzierung).** Als **stille Selbstfinanzierung** wird die Finanzierung durch Unterbewertung von Vermögensgegenständen bezeichnet.

Sellout ['selaʊt], *der,* panikartige Verkäufe von Wertpapieren mit der Folge stark fallender Kurse.

Shareholder-Value ['ʃeəhəʊldə 'vælju:], *das,* im engeren Sinn das Aktionärsvermögen, das nach der modernen Finanzierungstheorie dem Barwert der erwarteten zukünftigen Nettoeinzahlungen entspricht. Im weiteren Sinn wird der Begriff in der Portfoliotheorie als **Konzept der Unternehmensführung** verstanden, das mittel- bis langfristig die Maximierung des Unternehmenswerts im Interesse der Aktionäre (dauerhafte, hohe Dividende und Kurssteigerung) verlangt.

Sicherungszession, Übertragung einer Forderung als Sicherheit für einen Kredit. Sie kommt durch einen Vertrag (→ Abtretung) zwischen dem bisherigen Gläubiger **(Zedent)** und dem neuen Gläubiger **(Zessionar)** zustande, der an die Stelle des Zedenten tritt. Mit der Abtretung geht die Forderung mit allen Vorrechten und Belastungen über. Soweit zwischen altem Gläubiger und

Schuldner nicht anders vereinbart, bedarf sie nicht der Zustimmung des Schuldners.

Sichteinlagen, täglich fällige Guthaben bei Kreditinstituten, über die der Kunde im Gegensatz zu Termineinlagen jederzeit verfügen kann und die v. a. dem bargeldlosen Zahlungsverkehr (→Giroverkehr) dienen.

Skontro, Neben- und Hilfsbuch zur Erfassung von Bestandsmengen durch Aufzeichnung der Ein- und Ausgänge nach Art, Menge und Wert.

Skontroführer, zugelassene Kredit- oder Finanzdienstleistungsunternehmen, die an den Wertpapierbörsen im regulierten Markt mit der Vermittlung und dem Abschluss von Börsengeschäften sowie der Preisfeststellung für die Wertpapiere und Derivate (→Kurs) beauftragt sind.

Small Caps ['smɔ:lkæps], *die,* →Mini Caps.

Sozialversicherung, Sammelbezeichnung für gesetzliche **Pflichtversicherungen** zum Schutz vor den Folgen von Krankheit, Unfall, Pflegebedürftigkeit, Invalidität, Arbeitslosigkeit, Alter und Tod. Die Sozialversicherung umfasst die **Kranken-** und **Pflegeversicherung**, die **Unfallversicherung**, die **Rentenversicherung** und die **Arbeitslosenversicherung**.

Spareinlagen, auf ein Sparkonto bei Kreditinstituten eingelegte Sparbeträge, über die eine Urkunde **(Sparbuch)** ausgestellt wird. Sie sind im Gegensatz zu Sichteinlagen nicht für den Zahlungsverkehr bestimmt, sodass über sie nicht per Überweisung oder Scheck verfügt werden kann, und müssen eine Kündigungsfrist von mindestens drei Monaten aufweisen. Daneben können einzelvertraglich beliebig lange Kündigungssperrfristen vereinbart werden. Die Verzinsung richtet sich nach der gewählten Festlegungsdauer.

Sparkassen, öffentlich-rechtliche Kreditinstitute; ursprünglich für die Verwaltung von Spareinlagen und die Durchführung entsprechender Darlehensgeschäfte gegründet, haben sich die deutschen Sparkassen zu **Universalbanken** entwickelt. Ihre Geschäftstätigkeit unterliegt gegenüber der übrigen Kreditwirtschaft jedoch gesetzlichen und satzungsrechtlichen Beschränkungen.

Sparplan, Sparvertrag mit regelmäßigen Einzahlungen und meist langen Laufzeiten.

Spekulationsgewinne, Veräußerungsgewinne bei Wertpapieren. Mit der Einführung der →Abgeltungsteuer 2009 entfiel die bisherige Regelung, dass Spekulationsgewinne nur dann zu versteuern sind, wenn der Zeitraum zwischen Anschaffung und Veräußerung ein Jahr nicht überschreitet **(Spekulationsfrist).**

Sperrfrist, entweder der Zeitraum, in dem ein Wertpapier nicht weiterveräußert werden kann, oder die Kündigungsfrist bei Spareinlagen.

Sperrminorität, Minderheit des vertretenen Kapitals (mehr als 25 und weniger als 50%) einer Aktiengesellschaften, die ausreicht, um wichtige Entscheidungen, die eine Dreiviertelmehrheit erfordern, zu verhindern.

Spesen, dem Kunden bei Abschluss eines Bank- oder Börsengeschäfts in Rechnung gestellte Kosten (z. B. Maklergebühren, Provisionen, Transaktionskosten).

Spezialfonds, Investmentfonds, die für institutionelle Anleger (z. B. Versicherungsgesellschaften, Pensionskassen, Stiftun-

gen) aufgelegt und deren Anteile nicht öffentlich angeboten werden. Von Spezialfonds zu unterscheiden sind **Spezialitätenfonds,** Publikumsfonds, die ausschließlich in Wertpapiere bestimmter Branchen, Länder oder Regionen investieren.

Splitting, →Aktiensplit.

Spotgeschäft, Geschäft gegen sofortige Zahlung und Lieferung.

Spread ['sprɛd], *der,* zum einen die Differenz zwischen zwei Preisen oder Zinssätzen, z. B. zwischen Geldkurs und Briefkurs von Devisen, zum andern der Ansatzpunkt einer Strategie beim Options- und Terminkontrakthandel. Diese besteht aus dem gleichzeitigen Kauf und Verkauf zweier Kontrakte, die sich im Basispreis und hinsichtlich ihrer Fälligkeit unterscheiden.

Squeeze-out [skvi:z:aʊt], *das,* Verfahren, das es einem Mehrheitsaktionär ermöglicht, Minderheitsaktionäre gegen Bezahlung einer angemessenen Barabfindung aus dem Unternehmen auszuschließen. Der Mehrheitsaktionär muss dabei im Besitz von mindestens 95% des Grundkapitals der AG sein.

Stammaktien, auch **Stämme,** Aktien eines Unternehmens, die mit vollem Stimmrecht in der Hauptversammlung ausgestattet sind (Gegensatz: →Vorzugsaktien). Darüber hinaus haben Inhaber von Stammaktien das Recht auf einen Anteil am Bilanzgewinn, auf Teilnahme an und Auskunftserteilung in der Hauptversammlung, auf einen Anteil am Liquidationserlös der Gesellschaft sowie auf den Bezug junger Aktien.

Standard & Poor's-500-Index ['stændəd ənd 'pʊəz-], Abkürzung **S&P-Index,** vom amerikanischen Brokerhaus Standard & Poor's Corp. 1957 entwickelter Aktienindex für den amerikanischen

Aktienmarkt, der 400 Industrie-, 40 Versorgungs-, 40 Finanz- sowie 20 Verkehrswerte umfasst **(S&P-500-Index).** Der Standard & Poor's-500-Index wird nach dem Marktwert der umlaufenden Aktien eines Unternehmens gewichtet. Weitere Standard & Poor's-Indizes sind der 100 Unternehmen umfassende **Standard & Poor's 100,** der **Mid Cap 400** (für Aktien mittlerer Börsenkapitalisierung) und der **S&P HFI** (Hedge Fund Index).

Standardpapiere, auch **Standardwerte,** Aktien von großen Publikumsgesellschaften mit hohen regelmäßigen Börsenumsätzen.

Stand-by-Kredit ['stænd:baɪ-], auch **Beistandskredit,** kurzfristige, vom **Internationalen Währungsfonds,** von der Bank für Internationalen Zahlungsausgleich oder von Zentralbanken anderer Länder gewährter Kredit zur Deckung von Zahlungsbilanzdefiziten bzw. zur Stützung schwacher Währungen.

Sterbegeldversicherung, Kleinlebensversicherung; Versicherungsleistung im Todesfall der versicherten Person ist das zur Deckung der Bestattungskosten bestimmte **Sterbegeld.**

Stillhalter, Verkäufer einer Option, der die Verpflichtung eingeht, den Basiswert zu kaufen bzw. zu verkaufen, falls der Optionskäufer sein aus der Option resultierendes Wahlrecht auf Ausübung der Option wahrnimmt. Der Käufer der Option kann wählen, ob er die Erfüllung des Geschäfts verlangt oder nicht. Der Stillhalter unterwirft sich der Wahl des Käufers und erhält als Entgelt für sein Stillhalten den Optionspreis.

Stimmrecht, das dem Inhaber von Stammaktien zustehende Recht zur Stimmabgabe auf der Hauptversammlung der AG.

Stockdividende, Dividendenausschüttung in Form von Aktien, im Gegensatz zur **Bardividende.**

Stock option ['stɔk 'ɔpʃn], *die,* englische Bezeichnung für **Aktienoption**, verbrieftes Recht, eine bestimmte Menge einer Aktie zu einem vereinbarten Preis **(Basispreis)** innerhalb eines festgelegten Zeitraums oder zu einem bestimmten Zeitpunkt zu erwerben bzw. zu veräußern (→Option). Als **Aktienoptionsprogramm** wird das Bezugsrecht auf Aktien des eigenen Unternehmens bezeichnet, eine in Abhängigkeit vom Unternehmenserfolg gewährte Zusatzvergütung für Mitarbeiter und Führungskräfte.

Stop-Buy-Order [-'baɪ 'ɔ:də(r)], *die,* Orderform, bei der ein Kaufauftrag **billigst** ausgeführt wird, sobald ein bestimmter Kurs, das **Stop-Buy-Limit**, überschritten wird.

Stop-Loss-Order [-'ɔ:də(r)], *die,* Verkaufsauftrag, der automatisch an die Börse gegeben wird, wenn ein bestimmter Wertpapierkurs erreicht bzw. unterschritten wird.

Straddle ['strædl], *der,* besondere Form eines Optionsgeschäftes, bei dem die gleiche Anzahl von Kauf- und Verkaufsoptionen eines bestimmten Basiswertes mit gleichem Basispreis und gleicher Optionsfrist gekauft oder verkauft wird. Liegen den Kauf- und Verkaufsoptionen mit identischen Fälligkeiten unterschiedliche Basispreise zugrunde, spricht man von einem **Strangle**.

Streifbandverwahrung, Verwahrung von Wertpapieren in effektiven Stücken. Die hinterlegten Stücke werden mit einer Banderole **(Streifband mit dem Namen des Eigentümers)** versehen und für jeden Hinterleger separat verwahrt. (Gegensatz: →Sammelverwahrung)

Streubesitz, Aktienanteil, der frei über die Börse handelbar ist. Je geringer der Streubesitz einer AG ist, umso enger ist der

Markt, d. h., desto geringer ist die Handelbarkeit der betreffenden Aktie.

Stripped Bonds ['strɪpt -], festverzinsliche Schuldverschreibungen, bei denen das Recht auf die Rückzahlung des Kapitals – der Wertpapiermantel – von den Zinsscheinen getrennt wurde. Dabei werden die jeweils fälligen Zahlungen in eine Reihe zeitlich gestaffelter **Zerobonds** umgewandelt. Aus einer fünfjährigen Anleihe mit jährlicher Zinszahlung entstehen so sechs eigenständige Nullkuponanleihen (ein Kapitalstrip und fünf Zinsstrips) mit Laufzeiten von einem bis fünf Jahren. Der Ertrag ergibt sich ausschließlich aus dem Kursgewinn während der Restlaufzeit, da das Wertpapier vor Fälligkeit zu einem Barwert von unter 100% erworben und die Rückzahlung durch den Emittenten zum Nennbetrag garantiert wird.

Stückaktien, unechte nennwertlose Aktie (Gegensatz: echte nennwertlose oder →Quotenaktie), die wie die Nennwertaktie einen Anteil am Grundkapital der AG verkörpert, ohne diesen jedoch auf der Aktie auszuweisen. Die Berechnung des Nennwerts erfolgt, indem das Grundkapital durch die Anzahl der ausgegebenen Aktien dividiert wird, sodass jede Aktie einen gleich großen Anteil am Grundkapital repräsentiert.

stückelose Wertpapiere, Wertpapiere, die durch keine Urkunde verbrieft sind. Die Gläubiger dieser Buchwerte werden in ein Schuldenbuch eingetragen. Bei **stückelosen Anleihen** kann es sich auch um Teilschuldverschreibungen handeln, die in einer Globalurkunde verbrieft sind.

Stückzinsen, anteilige Zinsen, die bei festverzinslichen Wertpapieren berechnet werden, wenn das Papier zwischen zwei Zinszahlungsterminen gekauft oder verkauft wird. Die Berechnung bezieht sich auf den Zeitraum vom letzten Zinszahlungstermin bis zum Verkaufstag.

Subprimekredite ['sʌbpraɪm-], zweitklassige Kredite, Kredite an Schuldner, deren Bonität unterhalb (sub) der der besten Schuldner (prime) eingestuft wird.

Swapgeschäft ['swɔp-], zum einen Form des Devisentermingeschäfts zur Kurssicherung oder zur kurzfristigen Geldanlage **(Devisenswap)**, zum anderen als Finanzinnovation **(Finanzswaps)** der Austausch von Zinszahlungsströmen und/oder Fremdwährungsbeträgen an internationalen Finanzmärkten (Zins- und Währungsswaps).

Beim Devisenswapgeschäft wird die Differenz zwischen dem Termin- und Kassakurs einer Währung **(Swap)** ausgenutzt und ein Kassa- mit einem Termingeschäft verknüpft. Liegt der Termin- über dem Kassakurs, wird diese Differenz als →Report bezeichnet. Im umgekehrten Fall spricht man von →Deport. Wird der beim Report positive, beim Deport negative Swap auf den Kassakurs bezogen, erhält man den **Swapsatz.**

Finanzswapgeschäfte (Zins- und Währungsswaps) werden v. a. von international tätigen Banken und multinationalen Unternehmen zur Erzielung von Kostenvorteilen sowie zur Steuerung von Preisrisiken verwendet. **Zinsswaps** (Interest-Rate-Swaps) sind vertragliche Vereinbarungen über den Austausch von Zinszahlungen für einen bestimmten Zeitraum, bezogen auf einen bestimmten Kredit- oder Anleihebetrag in derselben Währung. Bei **Währungsswaps** werden Kapitalbeträge einschließlich damit verbundener Zinszahlungen gegen Kapitalbeträge und Zinszahlungen in einer anderen Währung getauscht. Bei kombinierten Zins- und Währungsswaps werden Kapitalbeträge und Zinszahlungen mit unterschiedlichen Zinsberechnungen in unterschiedlichen Währungen getauscht.

Swing ['swɪŋ-], *der,* in bilateralen Handels- bzw. Zahlungsabkommen von zwei Ländern gegenseitig eingeräumte Kreditlinie. Der Swing dient als meist zinsloser Verrechnungsspielraum zum Ausgleich zeitlich unterschiedlicher Zahlungseingänge und -ausgänge.

Tafelgeschäft, auch **Over-the-Counter-Geschäft,** Wertpapier- oder Devisengeschäft, bei dem Leistung und Gegenleistung sofort (Zug um Zug) erfolgen. Bei einem Wertpapiertafelgeschäft z. B. werden dem Bankkunden die durch Barzahlung erworbenen Wertpapiere, die er dann selbst verwahrt und verwaltet, direkt ausgehändigt. Voraussetzung ist die Existenz effektiver Stücke (→ Effekten).

Tagesgeld, Zentralbankguthaben, das eine Bank einer anderen zur Überbrückung von kurzfristigem Liquiditätsbedarf zur Verfügung stellt und das am nächsten Tag zurückgezahlt werden muss. Im Gegensatz dazu wird **tägliches Geld** unbefristet, aber mit Vorbehalt täglicher Kündigung, am Geldmarkt ausgeliehen.

Talon ['ta'lɔ̃:], *der,* unterster Teil des Bogens eines Wertpapiers. Sind die Zins- bzw. Dividendenscheine eines Bogens verbraucht, dient der Talon dem Bezug weiterer Zins- bzw. Dividendenscheinbogen.

TAN, Abkürzung für **T**rans**a**ktions**n**ummer, meist sechsstellige, nur einmalig zu verwendende Nummer, die als »elektronische Unterschrift« bei Homebanking-Transaktionen zur Legitimation bzw. Autorisierung dient.

TecDax®, von der Deutschen Börse AG 2003 eingeführter Aktienindex, der die 30 nach Marktkapitalisierung und Börsenumsatz größten Technologiewerte unterhalb des DAX® umfasst. Für den TecDax® können sich nur Unternehmen qualifizieren, die eine Zulassung zum Prime Standard besitzen und deren Aktien fortlaufend auf Xetra® gehandelt werden.

technische Korrektur, innerhalb einer aufwärts oder abwärts gerichteten Kursbewegung verlaufende Gegenbewegung, die den bestehenden Kurstrend jedoch unverändert lässt.

Telefonhandel, Effektenhandel zwischen Banken im Open Market (Freiverkehr). Die gehandelten Objekte sind nicht bzw. noch nicht zum Börsenhandel zugelassen (Telefonwerte), oder es sind zugelassene Papiere, die außerhalb der Börsenzeit gehandelt werden.

Tenderverfahren, Ausschreibungs- und Zuteilungserfahren zur Unterbringung von neu emittierten Wertpapieren. Es wird auch von der **Europäischen Zentralbank** (EZB) im Rahmen ihrer Offenmarktpolitik zur Geldmarktsteuerung eingesetzt. Die EZB nutzt dabei verschiedene Tender, um die Kreditinstitute befristet mit Liquidität zu versorgen.

Termingeschäft, im Gegensatz zum Kassageschäft ein Geschäft, das bis zu einem bestimmten, in der Zukunft liegenden Zeitpunkt erfüllt werden soll. Beim **Fixgeschäft** ist diese Erfüllung für beide Seiten zwingend, beim **Prämiengeschäft** kann sich ein

Partner gegen Zahlung einer Prämie das Recht auf Rücktritt vorbehalten, beim **Optionsgeschäft** schließlich wird einer Partei von vornherein die Möglichkeit eingeräumt, das Recht auszuüben oder es verfallen zu lassen.

Termingeschäfte können zwischen zwei Vertragsparteien auf der Basis individueller Vereinbarungen außerbörslich oder in Form standardisierter Kontrakte an speziellen **Terminbörsen** abgeschlossen werden.

Die wichtigsten **Börsentermingeschäfte** sind Geschäfte mit Optionen und Futures. Die Ziele von Termingeschäften sind zum einen die Absicherung risikobehafteter Geschäfte (Hedgegeschäft), zum anderen die Spekulation auf vermutete zukünftige Preisänderungen.

Thesaurierungsfonds, Investmentfonds, welche die erzielten Erträge (Zinsen, Dividenden usw.) nicht an den Anteilsinhaber ausschütten, sondern wieder in entsprechende Werte investieren.

Tilgung, Rückzahlung einer Verbindlichkeit **(Geldschuld).** Die Tilgung kann in Teilbeträgen oder in einem Gesamtbetrag (nach Kündigung oder nach Ablauf einer vertraglich festgelegten Frist) erfolgen.

Todesfallversicherung, Lebensversicherung, bei der die Versicherungsleistung mit dem Tod des Versicherten fällig wird.

toxische Wertpapiere, Wertpapiere, deren Marktwert um ein Vielfaches unter ihrem Nominalwert liegt und die daher praktisch unverkäuflich sind.

Tracking Stocks ['trækɪŋ 'stɔks], Aktien, die ein Recht auf Gewinnausschüttung verbriefen, das sich nur auf eine Tochterge-

sellschaft oder einen bestimmten Unternehmensbereich einer AG bezieht. Da sie nur für Teilbereiche des Unternehmens emittiert werden, muss für diese eine **gesonderte Rechnungslegung** vollzogen werden.

Tranche [trãʃ], *die,* Teilbetrag einer Wertpapieremission.

Transaktionskosten, sämtliche Kosten, die im Zusammenhang mit einem Geschäftsabschluss anfallen. Bei Börsengeschäften sind dies v. a. Aufwendungen für Bankspesen, d. h. **Courtage** und **Provisionen.**

Transportversicherung, Schadenversicherung für Transportmittel (**Kaskoversicherung**) und transportierte Güter (**Kargoversicherung**) während der Transports. Nach dem Beförderungsweg unterscheidet man Seeversicherung, Binnentransportversicherung und Lufttransportversicherung.

Treuhandkonto, Sonderkonto, dessen treuhänderische Aufsicht vertraglich einer privaten oder juristischen Person übertragen ist. Über ein Treuhandkonto kann nur mit der Zustimmung des **Treuhänders** verfügt werden.

Treuhandkredit, Kredit, bei dem ein Kreditinstitut als Treuhänder des Geldgebers Mittel an einen Dritten weiterleitet. Das Kreditinstitut übernimmt dabei meist nur die Haftung für ordnungsgemäße Weiterleitung und Verwaltung des Kredits, nicht aber das Kreditrisiko. Treuhandkredite werden vorwiegend im Rahmen öffentlicher Kreditprogramme gewährt.

Turbooptionsschein, Optionsscheinvariante, dessen Basisobjekte (→ Underlying) andere Optionsscheine sind. Aufgrund ihrer kumulierten Hebelwirkung gelten Turbooptionsscheine als hochspekulativ.

Turn-over-Ratio ['tə:nəʊvə 'reɪʃɪəʊ], *die,* Kennzahl, welche die Umschlagsgeschwindigkeit einer Wertpapieranlage innerhalb eines bestimmten Zeitraums – in der Regel ein Jahr – misst.

überkauft, englisch **overbought,** Markt, bei dem nach allgemein als zu hoch eingeschätzten Kursen mit Kurskorrekturen nach unten gerechnet wird. Als **überverkauft,** englisch **oversold,** wird ein Markt bezeichnet, bei dem nach allgemein als zu niedrig eingeschätzten Kursen mit Kurskorrekturen nach oben gerechnet wird.

Überschussbeteiligung, Beteiligung des Versicherungsnehmers, insbesondere bei Lebensversicherungen, an den von dem Versicherungsunternehmen erwirtschafteten Überschüssen. Sie wird jährlich im Rahmen des Jahresabschlusses ermittelt und fließt dem Versicherungsnehmer als **Direktgutschrift** oder der Rückstellung für **Beitragsrückerstattungen** zu. Ihre Höhe ist im Wesentlichen abhängig vom Aufwand für Versicherungsleistungen, die das Unternehmen im Abschlusszeitraum zu erbringen hatte, sowie vom Erfolg seiner Kapitalanlagepolitik.

Überzeichnung, Wertpapieremission, bei der die Summe der gezeichneten Beträge den angebotenen Gesamtbetrag übersteigt, sodass eine beschränkte Zuteilung stattfinden (Repartierung) oder der Emissionsbetrag erhöht werden muss. Kann der angebotene Betrag nicht vollständig platziert werden, spricht man von **Unterzeichnung.**

Überziehungskredit, → Dispositionskredit.

Ultimo, der letzte Geschäftstag eines Monats. Ultimo ist oft der Stichtag für die Erfüllung von Termingeschäften **(Ultimogeschäft)**

sowie für das Auslaufen limitierter Börsenaufträge (**Ultimoauftrag**).

Umlaufrendite, Rendite festverzinslicher Wertpapiere, die sich im Umlauf befinden (Gegensatz: **Emissionsrendite**). Sie weicht vom Nominalzins ab, da der Kurswert umlaufender Anleihen in der Regel höher oder niedriger als der Nennwert ist.

unbegrenzte Deckung, bei der Haftpflichtversicherung der Versicherungsschutz ohne Begrenzung der Deckungssumme. In Deutschland wird sie in der **Kraftfahrzeug-Haftpflichtversicherung** (für Sach- und Vermögensschäden, nicht hingegen für Personenschäden) und in der **Privathaftpflichtversicherung** angeboten.

Underlying [ˈʌndəlaɪɪŋ], *das,* auch **Basisobjekt,** Marktinstrument, das einer Option oder einem Futures-Kontrakt zugrunde liegt. Das Underlying muss bei Ausübung der Option oder Fälligkeit des Futures-Kontrakts geliefert bzw. erworben werden. Underlyings können außer einem Kassainstrument auch Terminkontrakte auf Währungen, Zinsen oder Indizes sein.

Unfallversicherung, Versicherung gegen finanzielle Folgen von Unfällen. Die **gesetzliche Unfallversicherung** ist als Teil der Sozialversicherung eine Pflichtversicherung für alle aufgrund eines Arbeits-, Ausbildungs- oder Dienstverhältnisses beschäftigten Personen und auf Arbeitsunfälle bzw. auf Unfälle auf dem Weg zur Arbeit beschränkt. Dagegen werden infolge eines Unfalls entstehenden finanziellen Aufwendungen von der **privaten Unfallversicherung** ohne Einschränkung abgedeckt.

unlimitierte Aufträge, Kauf- oder Verkaufsaufträge, die ohne Limit an die Börse gegeben werden und somit zu jedem Kurs ausgeführt werden können. Übliche Bezeichnungen bei dieser

Auftragsform sind **bestens** bei Verkaufsaufträgen und **billigst** bei Kaufaufträgen.

Unter-pari-Emission, Bezeichnung für eine Emission, deren Kauf- oder Verkaufspreis unter dem jeweiligen Nennwert der Anleihe liegt.

Unterversicherung, Begriff der Schadenversicherung. Sie liegt vor, wenn die Versicherungssumme niedriger ist als der Versicherungswert. Im Schadensfall wird die Versicherungsleistung so gekürzt, dass ihr Verhältnis zum Schaden dem Verhältnis von Versicherungssumme zu Versicherungswert entspricht **(Proportionalitätsregel).**

unverbriefte Rechte, Rechte bzw. Forderungen und Verbindlichkeiten, die nicht durch eine Urkunde bzw. durch ein Wertpapier verbrieft sind. An der Börse gehandelte unverbriefte Rechte sind u. a. Bezugsrechte und Schuldbuchforderungen.

Usancen [y'zãsən], Handelsbräuche und -regeln, die sich im Geschäftsverkehr an den Waren- und Wertpapierbörsen entwickelt haben und praktiziert werden. Sie haben gewohnheitsrechtlichen Charakter und sind in der Regel weder gesetzlich noch vertraglich festgelegt.

Value at Risk ['vælju: ət 'rɪsk], *das,* Risikomaß, das den potenziellen Verlust eines Wertpapiers oder eines Portfolios innerhalb eines Zeitraums angibt, der mit einer definierten Wahrscheinlichkeit nicht überschritten wird.

Venture-Capital ['vɛntʃəkæpɪtl], *das,* Eigenkapital, welches besonders dynamischen, jungen und zukunftsträchtigen Unternehmen zugeführt wird. (→ auch Risikokapital)

Verbraucherkredit, Verbraucherdarlehen, entgeltlicher Kreditvertrag zwischen einem beruflichen oder gewerblichen **Kreditgeber** und einem **privaten Verbraucher.** Verbraucherkreditverträge bedürfen der Schriftform und müssen den Nettokreditbetrag, gegebenenfalls den Gesamtbetrag aller zu entrichtenden Teilzahlungen, die Art und Weise der Rückzahlung, den Zinssatz und sämtliche Kosten des Kredits (auch die für eine Restschuldversicherung) sowie den effektiven Jahreszins und die Sicherheiten enthalten. Bei Abzahlungs- bzw. Teilzahlungsgeschäften müssen Bar- und Teilzahlungspreis, Betrag, Zahl und Fälligkeit der Raten, der effektive Jahreszins, die Kosten einer Versicherung, Eigentumsvorbehalte und Sicherheiten aufgeführt werden.

Verbriefung, Bindung von Rechten an Urkunden mit Wertpapiercharakter, sodass die Ausübung oder Übertragung der Rechte den Besitz der Urkunden voraussetzt. Wertpapiere verbriefen v. a. Forderungs- (z. B. Schuldverschreibungen) oder Mitgliedschaftsrechte (z. B. Aktien).

verdeckte Gewinnausschüttung, Zuwendungen an die Gesellschafter, die ihnen als Einkommensbestandteil angerechnet werden. Üblicherweise erfolgt sie über die Ausgabe von Gratisaktien oder Genussscheinen, über zinslose Darlehen an Gesellschafter oder überhöhte Zinszahlungen für Darlehen von Gesellschaftern.

Verkaufsoption, → Put.

Verkaufsprospekt, bei Emissionen eine kurze Veröffentlichung, die zur Zeichnung des neu ausgegebenen Wertpapiers auffordert und die wichtigsten Angaben über die Gesellschaft und die Emissionsbedingungen enthält.

vermögenswirksame Leistungen, tarif- oder arbeitsvertraglich vereinbarte Geldleistungen des Arbeitgebers, die nach den Regelungen des **Vermögensbildungsgesetzes** monatlich auf ein vom Arbeitnehmer bestimmtes Anlagekonto eingezahlt werden. Sie werden mit einer Arbeitnehmersparzulage staatlich gefördert, wenn das zu versteuernde Einkommen bei Ledigen 17 900 Euro und bei Verheirateten 35 800 Euro im Jahr nicht überschreitet. Voraussetzung ist, dass die Anlagebeträge je nach Anlageform für sechs oder sieben Jahre festgelegt sind. Förderfähige, vom Gesetzgeber vorgegebene Anlageformen sind Bausparverträge, Banksparpläne und bestimmte Investmentfonds.

Versicherung, Deckung eines durch bestimmte zufällige Ereignisse hervorgerufenen Vermögensbedarfs durch Verteilung auf eine größere Anzahl gleichartig bedrohter Personen oder Wirtschaftseinheiten. Der Versicherte deckt diesen Mittelbedarf durch die Zahlung eines Beitrags (Prämie) an den Versicherer.

Die Versicherung gliedert sich in die →Sozialversicherung und in die privatrechtliche, meist freiwillige Individualversicherung **(Assekuranz)**. Sparten der Individualversicherung sind die **Lebensversicherung**, die **private Krankenversicherung**, die **private Unfallversicherung** und die **Schadenversicherung** (Sach- und Vermögensversicherung, Haftpflichtversicherung, Rechtschutzversicherung, bestimmte Formen der Personenversicherung u. a.), wobei es zahlreiche Mischformen dieser Versicherungsarten gibt. Träger der Individualversicherung sind Aktiengesellschaften, Versicherungsvereine auf Gegenseitigkeit (VVaG) u. a. Unternehmen verschiedener Rechtsform sowie öffentlich-rechtliche Versicherungsanstalten.

Versicherungsaufsicht, staatliche Überwachung der Individualversicherung. Sie umfasst die Zulassung der Versicherungsunternehmen und die Beaufsichtigung ihres Geschäftsbetriebs. Aufsichtsbehörde ist die **Bundesanstalt für Finanzdienstleistungsaufsicht (BaFin).**

Versicherungsdauer, Zeitraum, während dessen ein Versicherungsvertrag besteht **(formelle Versicherungsdauer)**, der Versicherungsnehmer zur Beitragszahlung verpflichtet ist **(technische Versicherungsdauer)** und der Versicherer die Gefahr aus dem Versicherungsvertrag zu tragen hat **(materielle Versicherungsdauer).**

Versicherungsschein, → Police.

Versicherungsteuer, Sonderumsatzsteuer auf die Zahlung von Versicherungsentgelten; ausgenommen sind u. a. die gesetzlichen Sozialversicherungen sowie private Lebens- und Krankenversicherungen. Der Steuersatz liegt allgemein bei 19% der Prämie, kann bei bestimmten Versicherungsarten aber auch reduziert sein (Hausratversicherung, Gebäudeversicherung, Feuerversicherung, Schiffskaskoversicherung, Unfallversicherung mit Prämienrückgewähr). Bei der Hagelversicherung beträgt der Steuersatz 0,02% der Versicherungssumme. Steuerschuldner ist der Versicherungsnehmer, zu seinen Lasten ist die Steuer vom Versicherer zu entrichten.

vinkulierte Namensaktien, besondere Form von Namensaktien, deren Eigentumsübertragung von der satzungsgemäßen Zu-

stimmung der jeweiligen AG abhängig ist. Sie werden häufig ausgegeben, um ein Unternehmen vor Überfremdung zu schützen oder die Übernahme durch unliebsame Konkurrenten zu verhindern.

Volatilität, Maß für die Preis- beziehungsweise Kursschwankungen bestimmter Basiswerte (z. B. Aktien, Anleihen, Devisen, Rohstoffe, Zinssätze, Aktienindizes) oder auch ganzer Börsenmärkte. Die Volatilität einer Aktie misst die relative tägliche Kursänderung im Verhältnis zur durchschnittlichen Veränderung des Kurses derselben Aktie in einem bestimmten Zeitraum (meist 30 oder 250 Tage).

Volksaktien, im Zuge der Privatisierung des Bundesvermögens in Deutschland seit dem Ende der 1950er-Jahre geschaffene und an einen breiten Personenkreis zu Vorzugskonditionen gestreute Aktien.

Volksbanken, gewerbliche Kreditgenossenschaften zur organisierten Kreditversorgung des gewerblichen Mittelstands. Als Universalbanken bieten sie heute alle üblichen Bank- und Finanzdienstleistungen an. Seit 1972 sind die Volksbanken mit den → **Raiffeisenbanken** im Bundesverband der Deutschen Volksbanken und Raiffeisenbanken e. V. zusammengeschlossen.

Vorwärtsversicherung, allgemeine Form des Versicherungsschutzes, bei dem die materielle Versicherungsdauer erst nach der formellen Versicherungsdauer beginnt (→ Versicherungsdauer). (Gegensatz: → Rückwärtsversicherung)

Vorzugsaktien, Aktien mit Vorrechten bei der Gewinnverteilung. Für Aktien, die mit einem nachzuzahlenden Vorzug bei der Verteilung des Gewinns ausgestattet sind, also eine höhere Dividende erhalten, kann das Stimmrecht ausgeschlossen werden. **Vorzugsaktien ohne Stimmrecht** dürfen nur bis zu einem Gesamtbetrag in Höhe des Gesamtnennbetrags der Stammaktien ausgegeben werden.

Währungsanleihe, Anleihe eines ausländischen Emittenten in einer ausländischen Währung. Zunehmende Bedeutung haben sog. **Doppelwährungsanleihen** gewonnen, bei denen der Emissionsbetrag und die Zinszahlungen in einer anderen Währung geleistet werden als die Tilgungszahlungen. Eine weitere Form der Währungsanleihe ist die **Währungsoptionsanleihe,** bei welcher der Anleger das Recht besitzt, bei Laufzeitende die Währung aus einem Währungskorb auszuwählen, in der die Tilgung geleistet werden soll. Die Höhe der jeweiligen Leistung wird dabei zum Zeitpunkt der Emission fixiert.

Währungsrisiko, das Verlustrisiko durch Wechselkursveränderungen. Es kann teilweise oder ganz durch **Absicherungsmaßnahmen** (→ Hedging) aufgehoben werden.

Wall Street ['wɔ:lstri:t], *die,* Banken- und Börsenstraße im Süden des New Yorker Stadtteils Manhattan; im übertragenen Sinne das Finanzzentrum der USA.

Wandelanleihe, mit einem Umtauschrecht in Aktien verknüpfte Anleihe. Der Eigentümer kann sie zu schon bei der Ausgabe fixierten Bedingungen zu einem bestimmten Zeitpunkt **(Wandlungstermin)** oder innerhalb eines Zeitraums **(Wandlungsfrist)** in einem festgelegten Wandlungsverhältnis in bestimmte Aktien, gegebenenfalls unter Zuzahlung eines bestimmten Geldbetrags **(Wandlungspreis)**, umtauschen. Ein Rückzahlungsanspruch aus der Wandelanleihe tritt nur dann ein, wenn der Eigentümer vom Umtauschrecht keinen Gebrauch macht.

Eine Sonderform der Wandelanleihe bildet die **Optionsanleihe.** Hier besteht die aus der Anleihe erwachsene Schuldverschreibung auch dann weiter, wenn das mit den dieser Anleihe beigegebenen Optionsscheinen verbundene Bezugsrecht ausgeübt wird.

Warentermingeschäft, Terminkontrakt auf Waren und Güter wie Getreide, Baumwolle, Kaffee, Soja, Bauholz usw.

Die Notierungen von Warenterminkontrakten sind abhängig vom physischen Angebot und der Nachfrage. Im Warenterminhandel liegen etwa 99% der Geschäfte keine Warenlieferungen zugrunde, sondern die Positionen werden vorzeitig wieder aufgelöst.

Warrant ['wɔrənt], *der,* englisch für Optionsschein. **Warrant Bonds** bezeichnen Optionsanleihen.

Wechsel, eine in bestimmter Form schriftlich übernommene, unbedingte Verpflichtung zur Zahlung einer bestimmten Geldsumme an den legitimierten Inhaber der Urkunde. Die Zahlungsverpflichtung ist von dem Grund, aus dem die Schuld entstanden ist, unabhängig. Wesentlich für den Wechsel ist die Bezeichnung als »Wechsel« (Wechselklausel) im Text der Urkunde. Der Wechsel ist ein **Orderpapier**. Der Aussteller des Wechsels kann sich entweder selbst zur Zahlung der Wechselsumme verpflichten oder einen anderen mit der Zahlung beauftragen.

Man unterscheidet den **eigenen Wechsel** (trockener Wechsel, Solawechsel), der ein Schuldversprechen ist, und den **gezogenen Wechsel** (Tratte), der die Form einer Anweisung hat. Letzterer muss enthalten:

1) die Wechselklausel;

2) die unbedingte Anweisung, eine bestimmte Geldsumme zu zahlen;

3) die namentliche Angabe dessen, der zahlen soll **(Bezogener, Trassat);**

4) die Angabe des Fälligkeitstages **(Verfall);**

5) die Angabe des Zahlungsortes;

6) den Namen dessen, an den oder an dessen Order gezahlt werden soll **(Wechselnehmer, Remittent);**

7) die Angabe des Tages und des Ortes der Ausstellung;

8) die Unterschrift des Ausstellers **(Trassant).**

Erst durch die **Annahme** (Akzept), die üblicherweise durch »Querschreiben« seines Namens auf der linken Vorderseite des Wechsels erfolgt, wird der Bezogene, der nunmehr **Annehmer** (Akzeptant) heißt, Wechselschuldner; er wird damit allen Wechselberechtigten gegenüber wechselmäßig zur Zahlung am Verfalltag verpflichtet.

Der Wechsel kann durch **Indossament** übertragen werden. Dies kann entweder durch ein den Namen des **Indossatars** angebendes **Namensindossament** oder **Vollindossament** geschehen oder durch ein dessen Namen nicht angebendes **Blankoindossament,** für das die Unterschrift des Indossanten auf der Rückseite des Wechsels genügt. Durch das Indossament erhält der Indossatar alle Rechte aus dem Wechsel, unabhängig von der Berechti-

gung seines Indossanten und der übrigen Vormänner. Der Wechsel ist dem Annehmer spätestens am zweiten Werktag nach Fälligkeit zur Zahlung vorzulegen (zu präsentieren).

Werbungskosten, bei Wertpapiererträgen die Aufwendungen, die dem Erwerb, der Sicherung und der Erhaltung von Kapitaleinkünften dienen und die steuerlich geltend gemacht werden können.

Wertpapier, Urkunde, die bestimmte Rechte, wie etwa die Miteigentümerschaft an einem Unternehmen, verbrieft.

Wertpapierkennnummer, Abkürzung **WKN**, sechsstellige Identifikationsnummer von Wertpapieren.

Wiederbeschaffungskosten, bei Sachversicherungen die Kosten für die Wiederbeschaffung vorhandener Wirtschaftsgüter. Sie setzen sich zusammen aus dem **Kaufpreis** und den **Beschaffungsnebenkosten** (Transport-, Verpackungs- und Montagekosten, Zoll).

Windfall-Profits ['wɪndfɔːl 'prɒfɪts], Unternehmensgewinne, die nicht aufgrund betrieblicher Leistungen, sondern durch die Veränderung der allgemeinen Marktlage entstanden sind.

Window-Dressing ['wɪndəʊdresɪŋ], *das,* Versuche institutioneller Anleger, durch Transaktionen Kurse von Aktien oder Benchmarks zu »verschönern«, um ihre Performance vor einem Bilanzstichtag oder Jahresabschluss zu ihren Gunsten zu verbessern.

Xetra®, Abkürzung für E**x**change **E**lectronic **Tra**ding, 1997 von der Deutschen Börse AG eingeführtes vollelektronisches Handelssystem für alle an der Frankfurter Wertpapierbörse notierten Aktien, Optionsscheine und Rentenwerte; löste das 1991 eingeführte **IBIS** (**I**ntegriertes **B**örsenhandels- und **I**nformations**s**ystem) ab. Geschäftsabschluss (Preisermittlung, Priorisierung der Aufträge, Informationsbereitstellung) und Geschäftsabwicklung (Geldabrechnung, Wertpapierlieferung) werden automatisch durchgeführt.

Zeichnung, feste Übernahme von neu ausgegebenen Wertpapieren zu den im Zeichnungsangebot aufgeführten **Zeichnungsbedingungen**. Innerhalb der **Zeichnungsfrist** dürfen Anleger neue Aktien zeichnen.

Zeichnungsbedingungen, Modalitäten einer **Wertpapieremission**, die in einem Prospekt und per Zeichnungseinladung bekannt gegeben werden. Wesentliche Komponenten bei **Anleihen** sind Zeichnungsfrist, Stückelung, Laufzeit, Verzinsung, Tilgung, Emissions- und Rückzahlungskurs, bei **Aktien** Zeichnungsfrist, Emissionsvolumen, Bezugskurs und Bezugsverhältnis.

Zeitwert, allgemein der Wert, den Vermögensgegenstände und Schulden zu dem Zeitpunkt haben, für den die Bewertung vorgenommen wird. Bei **Wechseln** ist es der Barwert, der sich aus dem diskontierten Nennwert errechnet. Bei **Optionen** gibt der Zeitwert die Differenz zwischen aktuellem Optionspreis und innerem Wert der Option an.

Zerobond ['ze:ro-], auch **Nullkuponanleihe,** langfristige Anleihe (meist **Inhaberschuldverschreibungen** mit einer Laufzeit von zehn bis 20 Jahren), für die keine regelmäßige Zinszahlung erfolgt. Das Entgelt für die Kapitalüberlassung (Zins) ergibt sich als Differenz zwischen Ausgabe- und (höherem) Rückzahlungs-

kurs. Diese Differenz ist umso größer, je länger die Laufzeit und/oder je höher der aktuelle Marktzinssatz ist.

Zession, → Abtretung.

Zinsfuture [-'fju:tʃə], börsengehandelter **Zinsterminkontrakt,** der die vertragliche Vereinbarung beinhaltet, ein dem Kontrakt in Bezug auf Laufzeit und Verzinsung entsprechendes gleichartiges Zinsinstrument zu übernehmen bzw. zu liefern, und zwar zu einem im Voraus ausgehandelten Kurs und an einem späteren, standardisierten Fälligkeitstag.

Zinstermingeschäft, auch **Forward Rate Agreement (FRA),** nicht börsengängiges Termingeschäft mit einer Gesamtlaufdauer von maximal zwei Jahren, bei dem die Vertragspartner im Voraus einen Zinssatz für einen in der Zukunft beginnenden Zeitraum und ein zugrunde liegendes fiktives Nominalvolumen vereinbaren. Zinstermingeschäfte werden vornehmlich als Hedginginstrumente (→ Hedging) eingesetzt, mit denen sich der Käufer gegen das Risiko steigender, der Verkäufer gegen das Risiko fallender Zinsen absichert.

Zulassung, in Zusammenhang mit Wertpapieren die Erlaubnis zum Handel an der Börse. Je nach Marktsegment gelten für die Zulassung zum Börsenhandel unterschiedlich strenge Voraussetzungen. Über die Zulassung entscheidet die **Zulassungsstelle** der entsprechenden Börse anhand der eingereichten Unterlagen und vor dem Hintergrund der im Börsengesetz im Einzelnen festgelegten Bestimmungen.

Zuteilung, Aufteilung von Wertpapieren auf die verschiedenen Kaufinteressenten, wenn bei der Ausgabe neuer Wertpapiere eine Überzeichnung der Emission stattfindet.

Zwangsanleihe, eine unverzinsliche oder niedrig verzinsliche Anleihe, die einem bestimmten Kapitalgeberkreis aufgrund staatlicher Anordnung zwangsweise auferlegt wird. Als Bemessungsgrundlage für diese Verpflichtung dient üblicherweise das Einkommen oder Vermögen. Die Zwangsanleihe vereinigt in sich die **Merkmale einer Steuer** – durch die ungünstigen Verzinsungs- und Tilgungsbedingungen – und die **Merkmale einer Anleihe** – durch die Rückzahlbarkeit.

Zweitplatzierung, erneute Unterbringung einer größeren Menge von bereits im Umlauf befindlichen Aktien oder festverzinslichen Wertpapieren. Üblicherweise handelt es sich um die **Streuung von Aktienbeständen** aus dem Besitz eines Großaktionärs oder aus Familienbesitz.

zyklische Werte, Aktien, deren Umsatz und Gewinnentwicklung in überproportionaler Abhängigkeit vom Konjunkturzyklus stehen. Dazu zählen Aktien aus der Bau-, Stahl- und Chemieindustrie sowie aus dem Maschinenbau.

Zyklus, in relativ regelmäßigen Zeitabständen wiederkehrende Schwankungen zwischen Höchst- und Tiefstwerten. Zyklen treten im Konjunkturverlauf, aber auch im Verlauf von Aktienkursen auf.

Die Welt der Wirtschaft verständlich erklärt

In 12 Kapiteln wird das Wissen rund um die Wirtschaft anschaulich vermittelt: von den Grundbegriffen der Volkswirtschaftslehre, der Betriebswirtschaftslehre und der Wirtschaftspolitik bis hin zu Arbeitswelt, Steuern, Verbraucherschutz, Banken, Börsen und Versicherungen. 2750 Sachbegriffe werden klar, prägnant und kompetent erläutert und durch rund 400 Infografiken, Übersichten, Fotos, Karten und Infokästen illustriert. Anschriften und Internetadressen wichtiger Institutionen und Organisationen sowie ein Sachwortregister runden den Band ab.

www.duden.de